rowohlts monographien

HERAUSGEGEBEN
VON
KURT KUSENBERG

—

WILHELM BUSCH

IN
SELBSTZEUGNISSEN
UND
BILDDOKUMENTEN

—

DARGESTELLT
VON
JOSEPH KRAUS

ROWOHLT

Dieser Band wurde eigens für «rowohlts monographien» geschrieben
Den Anhang besorgte der Autor
Herausgeber: Kurt Kusenberg · Redaktion: Beate Möhring
Umschlagentwurf: Werner Rebhuhn
Vorderseite: Wilhelm Busch. Foto R. Dührkoop, Hamburg
(Ullstein-Bilderdienst, Berlin)
Rückseite: «Prosaischer Kauz. Der holde Mond erhebt sich leise.
Ein alter Kauz denkt nur an Mäuse.» Aus «Hernach».
(Wilhelm-Busch-Gesellschaft, Hannover)

Veröffentlicht im Rowohlt Taschenbuch Verlag GmbH,
Reinbek bei Hamburg, März 1970
© Rowohlt Taschenbuch Verlag GmbH, Reinbek bei Hamburg, 1970
Alle Rechte, auch die des auszugsweisen Nachdrucks
und der fotomechanischen Wiedergabe, vorbehalten
Gesetzt aus der Linotype-Aldus-Buchschrift und der Palatino (D. Stempel AG)
Gesamtherstellung Clausen & Bosse, Leck/Schleswig
Printed in Germany
ISBN 3 499 50163 5

INHALT

Der Siebzigjährige. Mechtshausen, 1902

Fast jeder deutsche Haushalt besitzt neben Bibel und Kochbuch auch eine Ausgabe der Werke Wilhelm Buschs. Überall, wo Deutsch gesprochen wird, gehören sie immer noch zum gut verkäuflichen Inventar des Buchhandels. Und im Ausland sorgen bessere und zahlreichere Übersetzungen dafür, daß Busch und sein Werk auch da bekannt werden, wo scheinbar unüberwindliche Sprachgrenzen der Verbreitung im Wege standen. Geflügelte Worte, Buschs Werk entnommen, sind in aller Munde, und auch die Werbung bedient sich seiner einprägsamen Verse. Und manch salopper Ausspruch, der sich etwas frech gebärdet, wird ohne weiteres Busch zugeschrieben, auch wenn das nicht immer zutreffend ist.

Kinder, die noch nicht lesen können, belustigen sich auch heute noch an Wilhelm Buschs drastischen Zeichnungen, die, der Reihe nach betrachtet, skurrile Geschichten erzählen. Erwachsene genießen das kontrastreiche Zusammenspiel zwischen virtuoser Karikatur und einfallsreicher Verskunst. So erfreut sich Buschs Werk seit bald hundert Jahren einer geradezu einmaligen Popularität, ohne daß es jedoch von vielen wirklich verstanden würde. Die Mehrzahl der Leser läßt sich belustigen und merkt nur selten, daß sie der eigenen Verspottung Beifall spendet. Und der Literaturwissenschaft ist gerade die Volkstümlichkeit des großen Satirikers suspekt; sie verzichtet darauf, sich ernsthaft mit Wilhelm Busch zu beschäftigen, von einigen – allerdings namhaften – Ausnahmen abgesehen.

Buschs Ruhm beruht hauptsächlich auf seinen Bildergeschichten. Sie sind im wesentlichen seine eigene Erfindung. Heinrich Hoffmanns «Struwwelpeter», Rodolphe Toepffers beschaulich humorvolle Darstellungen menschlicher Absonderlichkeiten lernte er später kennen. Hoffmanns «Struwwelpeter» wirkt wie ein philisterhaftes Lehrbuch bürgerlicher Manierlichkeit, worin dem Kinde unter Androhung schrecklicher Strafen ein «artiger» Lebenswandel anempfohlen wird. Das Ideal einer philiströsen Bravheit in Hoffmanns Bildergeschichtchen hat nichts gemeinsam mit der augenzwinkernden Ironie, die für Buschs Darstellungen ähnlicher Geschehnisse charakteristisch ist. Wer Rodolphe Toepffers «Genfer Novellen» gelesen hat, weiß, wie sehr sich die heitere Milde dieses Schweizers von der zuweilen recht scharfen Satire Wilhelm Buschs unterscheidet.

Wenn also Wilhelm Busch im eigentlichen Sinne keine Vorläufer hatte, so fand doch seine originelle Manier, karikaturistische Zeichnungen in folgerichtiger Aneinanderreihung zusammenzustellen und sie mit begleitenden Texten zu versehen, begeisterte Nachahmung. Am meisten war das in Amerika der Fall, wo Rudolph Dirks, ein junger Deutscher, von einem Redaktionsmitglied des «New York Journal» dazu aufgefordert wurde, die Bildergeschichten des berühmten Wilhelm Busch nachzuahmen und als Cartoon-Serie in dieser Zeitung erscheinen zu lassen. Dirks erfand die «Katzenjammer Kids» Hans und Fritz, deren Abenteuer bald alte und junge Leser belustigten. Als Dirks zur «New York World» überwechselte, setzte er die Serie unter dem neuen Namen «The Captain and the Kids» fort. Das «New York Journal» wollte aber nicht auf die zugkräftigen «Katzenjammer Kids» verzichten und ließ sie von dem Zeichner Harold Knerr weiterführen. Knerr seinerseits erfand einen neuen Streifen, der unter dem Titel «Dingle-hoofer and his Dog», ebenso wie seine Vorläufer, heute zum «klassischen» Repertoire des amerikanischen Cartoons gehört.[1]* Die komische Wirkung dieser drei Cartoon-Serien beruht hauptsächlich auf dem lustigen, verrückt «durchdeutschten» Englisch der Texte. Die Abenteuer der radebrechenden Figuren dieser Serien gehen allerdings in der Regel nicht über harmlose Frechheiten und ihre unvermeidliche Bestrafung hinaus. Einem Vergleich mit Buschs Bildergeschichten halten diese entfernten Verwandten von *Max und Moritz* nicht stand. Es fehlt ihnen das Hintergründige, der schwarze Humor, die Andeutungen einer zutiefst kritischen, satirischen Weltbetrachtung.

Ohne nennenswerte Vorläufer, ohne eigentliche Nachfolger, mehr als ein halbes Jahrhundert nach seinem Tode, steht Wilhelm Buschs Werk vor uns in vergleichsloser Eigenart.**

---

* Die hochgestellten Ziffern verweisen auf die Anmerkungen S. 161 f.
** Sofern kein anderer Künstler genannt wird, sind alle Zeichnungen (oder Holzschnitte nach Zeichnungen) und Gemälde, die dieser Band enthält, von Wilhelm Busch.

KINDHEIT UND JUGEND

In Wiedensahl, einem kleinen Dorf zwischen Stadthagen und Loccum im damaligen Königreich Hannover, wurde Heinrich Christian Wilhelm Busch am 15. April 1832 als erstes von sieben Kindern geboren. Der Vater, Johann Friedrich Wilhelm Busch, vorehelich geboren, trug den Familiennamen seiner Mutter. Daran konnte weder die Anerkennung der Vaterschaft durch den Bauern Johann Hinrich Wolrat Emme noch die spätere Ehe dieser Großeltern Wilhelm Buschs etwas ändern. Buschs Mutter, Henriette Dorothee Charlotte Busch, war eine Tochter des Wiedensahler Wundarztes Johann Georg Kleine, der den wenig bekannten Reformator Antonius Corvinus zu seinen Vorfahren zählen durfte.

Die ersten acht Lebensjahre verbrachte der kleine Wilhelm zu Hause. Der Vater hatte einen Krämerladen und wohnte mit seiner Familie in der dazu gehörenden Wohnung. In einer seiner kurzen Selbstbiographien beschrieb Busch den Vater als *klein, kraus, rührig, mäßig und gewissenhaft; stets besorgt, nie zärtlich; zum Spaß geneigt, aber ernst gegen Dummheiten* [2]. In einer späteren Fassung reduziert er die ohnehin magere Beschreibung seiner Eltern auf einen einzigen, recht formelhaft klingenden Satz: *Mein Vater war Krämer, heiter und arbeitsfroh; meine Mutter, still und fromm, schaffte fleißig in Haus und Garten.* [3] Die Atmosphäre im Hause Busch muß von einer puritanischen Herbheit gewesen sein, und es scheint, daß die Zuneigung der Eltern sich vor allem in reibungsloser, vielleicht etwas kühler Pflichterfüllung äußerte. Eine für uns Heutige unglaubliche Bescheidenheit der Lebensführung spricht aus der knappen Beschreibung des elterlichen Zusammenlebens: *Beide lebten einträchtlich und so häuslich, daß einst über zwanzig Jahre vergingen, ohne daß sie zusammen ausfuhren.* [4] Doch Vater Busch war nicht nur der einfache, rührige Krämer, wie ihn sein Sohn Wilhelm später beschrieb; er war ein umsichtiger Geschäftsmann, der den kleinen, von der Schwiegermutter übernommenen Kramladen in ein gut gehendes, vielseitiges Unternehmen ausbaute und den Ertrag in Grundstücken anlegte. Der junge Wilhelm Busch wußte wohl damals selbst nicht, daß sein Vater in jüngeren Jahren Gedichte gelesen und auch selber welche in die leeren Seiten eines Rezeptbuches geschrieben hatte. Nicht nur im gefühlvollen Almanachstil der Biedermeierzeit, sondern auch Spottgedichte, deren Verse sich gegen die künstlerische Anmaßung poetischer Stümper, gegen die traurige Vergänglichkeit einstiger Liebe im Ehestand und gegen ein all zu prächtiges Papsttum richteten – alles Themen, die der berühmte Sohn später in seinen eigenen Gedichten und Bildergeschichten aufgriff.

Dem genügsamen, arbeitsfrohen Puritanertum des Vaters genügte der eigene Erfolg keineswegs. Er wollte, daß auch seine Söhne etwas Rechtes werden sollten und ließ sie, mit Ausnahme von Adolf, der Kaufmann wurde, studieren. Otto Busch promovierte in Philosophie, Hermann Busch wurde Mathematiklehrer an einem Gymnasium in Celle. Wilhelm, der älteste Sohn, sollte jedoch Maschinenbauer werden. Die Dorfschule in Wiedensahl genügte den Anforderungen des Vaters nicht. Er schickte seine Söhne, Wilhelm zuerst, zum Schwager Pastor Georg Kleine in dem kleinen Dorf Ebergötzen bei Göttingen. Hier und später in Lüthorst erteilte der Pastor den Söhnen seiner Schwester Privatunterricht.

Als Wilhelm dem geistlichen Schwager zur Erziehung übergeben wurde, war er erst neun Jahre alt. Er hat sich dem Wunsch des Vaters gewiß nicht widersetzt, obwohl dem sensitiven Kind die frühe Entfernung aus dem Familienkreis sicher nicht leicht geworden ist. Die Begründung, daß es mit den damals fünf Geschwistern im Elternhaus zu eng geworden sei, muß man wohl, in Anbetracht der tatsächlichen Raumknappheit und der gelassenen Vernünftigkeit seiner Bewohner, gelten lassen. Trotzdem liegt in der von Busch erst 45 Jahre später geschriebenen Beschreibung seines Abschieds von Wiedensahl und von der Kindheit ganz unmißverständlich eine traurige Verlorenheit: *Als ich neun Jahr alt geworden, beschloß man, mich dem Bruder meiner Mutter in Ebergötzen zu übergeben. Ich freute mich drauf; nicht ohne Wehmut. Am Abend vor der Abreise plätscherte ich mit der Hand in der Regentonne, über die ein Strauch von weißen Rosen hing, und sang Christine! Christine! versimpelt für mich hin.*[5] Drei Tage dauerte die Fahrt im Pferdewagen; für damalige Verhältnisse eine weite, umständliche Reise. Das ist wohl auch der äußere Grund, warum das Kind seine Eltern und Geschwister erst nach drei langen Jahren anläßlich eines Ferienbesuchs wiedersehen sollte. Daß man es fertigbrachte, sich von seinem Kind auf eine so lange Zeit zu trennen, wirkt befremdend. Man fragt sich, ob die Seelentemperatur im Hause Busch nicht gar zu unterkühlt gewesen sei. Erschütternd ist Buschs Beschreibung des Wiedersehens nach drei Jahren. Er lief seiner Mutter entgegen, als sie gerade aufs Feld ging: *Ich kannte sie gleich; aber sie kannte mich nicht, als ich an ihr erst mal vorbei ging. So hatte ich mich verändert.*[6] Wie empfindlich muß es den nun Zwölfjährigen getroffen haben, daß er der eigenen Mutter so fremd geworden war. Wie wenig vermißt, wie wenig geliebt muß er sich vorgekommen sein! Welche Distanz, welches Gefühl des Alleinseins muß der junge Heimkehrer schon so früh empfunden haben und welche Zweifel, da er es fertigbrachte, erst einmal an der Mutter vorüberzugehen. Und doch liegt kein Vorwurf in

«Nach meinem Vater». Zeichnung

dieser Darstellung des ersten Wiedersehens. Aus späteren Jahren besteht ein Gedicht, aus welchem hervorgeht, daß er seiner Mutter gegenüber eine liebevolle Verehrung bewahrt hat. Dieses Gedicht ist, nebenbei bemerkt, ein gelungenes Beispiel des nicht eben häufigen Kettenreims:

> O Du, die mir die Liebste war,
> Du schläfst nun schon so manches Jahr.
> So manches Jahr, da ich allein,
> Du gutes Herz, gedenk ich dein.
> Gedenk ich dein, von Nacht umhüllt,
> So tritt zu mir dein treues Bild.

11

Dein treues Bild, was ich auch tu,
Es winkt mir ab, es winkt mir zu.
Und scheint mein Wort dir gar zu kühn,
Nicht gut mein Tun,
Du hast mir einst so oft verziehn,
Verzeih auch nun.[7]

Busch war seiner Mutter dankbar, daß sie sich immer wieder ver-
mittelnd zwischen den ungeduldigen Vater und den anfangs scheinbar so ziellosen ältesten Sohn gestellt hatte. Und doch wäre es wohl
besser gewesen, wenn sich die Mutterliebe auch in sichtbaren Zärt-
lichkeiten geäußert hätte, anstatt sich nur in vorbildlicher Pflichterfüllung und in der Vermittlerrolle zum Vater zu erschöpfen. So blieb
es Busch während seiner Kindheit versagt, zu lernen, daß man Gefühle der Zuneigung nicht nur haben darf, sondern auch zeigen kann.
Auch später lernte er das Versäumte nicht. Dieser Mangel äußerte
sich immer wieder in einer gewissen Sprödigkeit im Umgang mit
Menschen, selbst bei Freunden und besonders mit Frauen. Zwar bril-
liert er in vielen seiner Briefe durch witzige Formulierungen und
kluge Beobachtungen, selbst wenn er nur das Wetter, den Wechsel
der Jahreszeiten, das Verhalten der Tiere und das Wachstum der
Pflanzen beschreibt, doch nie läßt er sich in die Seele blicken; er
bleibt unpersönlich. Wenn ihm jemand brieflich zu nahe kommt oder
auch seine Zuneigung zu ihm gar zu deutlich bekundet, zieht er sich
scheu zurück und versteckt sich hinter der höflichen Distanziertheit
betont «freundlicher» Antwortschreiben. Viel zu früh war Wilhelm
Busch in der Kindheit heimatlos geworden. Der frühe Verlust der
harmlosen, naiven Selbstverständlichkeit im Umgang mit den Eltern,
die vorzeitige Bewußtwerdung seiner selbst hat er mit einer lebenslangen mimosenhaften Empfindlichkeit bezahlen müssen.

Buschs Briefe an seine Eltern aus dieser Zeit sind von einer gravi-
tätischen, altklugen Wohlanständigkeit erfüllt. *Theure Eltern!* beginnt der erste Brief des Neunjährigen aus Ebergötzen und schließt
mit der steifen Floskel *Euer Euch liebender Sohn W. Busch.* Neun
Jahre später schreibt er zwar *Liebe Mutter!*, beendet den Brief aber
wieder mit einem reichlich kühlen *Dein W. Busch.* Erst dem Neun-
zehnjährigen wird es klar, daß sein Familienname den Eltern bekannt sein müsse, und er beendet seine Briefe mit Versicherungen
seiner Liebe und dem natürlichen *Euer Wilhelm.* In den ersten Briefen an die Eltern, wohl unter Aufsicht des Onkels geschrieben, prä-
sentierte er sich als lernbegieriger, arbeitswütiger Musterschüler. Der
puritanische Geist des Vaterhauses spricht deutlich daraus. Der neun-
jährige Sohn wußte, was man von ihm erwartete; er spielte die ver-

Die Mutter. Zeichnung

langte Rolle mit überzeugender Ernsthaftigkeit und glaubte gewiß selbst daran: *Um Euch aber doch einen kleinen Beweis zu geben, daß ich in Ebergötzen nicht so dumm geblieben, als ich hingekommen bin, und daß ich meine Zeit nicht müßig hingebracht habe, schicke ich Euch diejenigen Bücher, die ich bisher vollgeschrieben hatte. Aller Anfang ist schwer, das werdet Ihr auch an meinen schriftlichen Arbeiten erkennen; aber ich tröste mich mit dem Sprichworte: mit der Zeit bricht man Rosen, und verliere darum die Geduld nicht, wenn's auch langsam geht.*[8]

Als der kleine Wilhelm seinen Heimatort verlassen mußte, konnte er nicht ahnen, daß ihm in der Person des geistlichen Onkels ein Erzieher gegeben würde, der für seinen späteren Lebenslauf die wich-

13

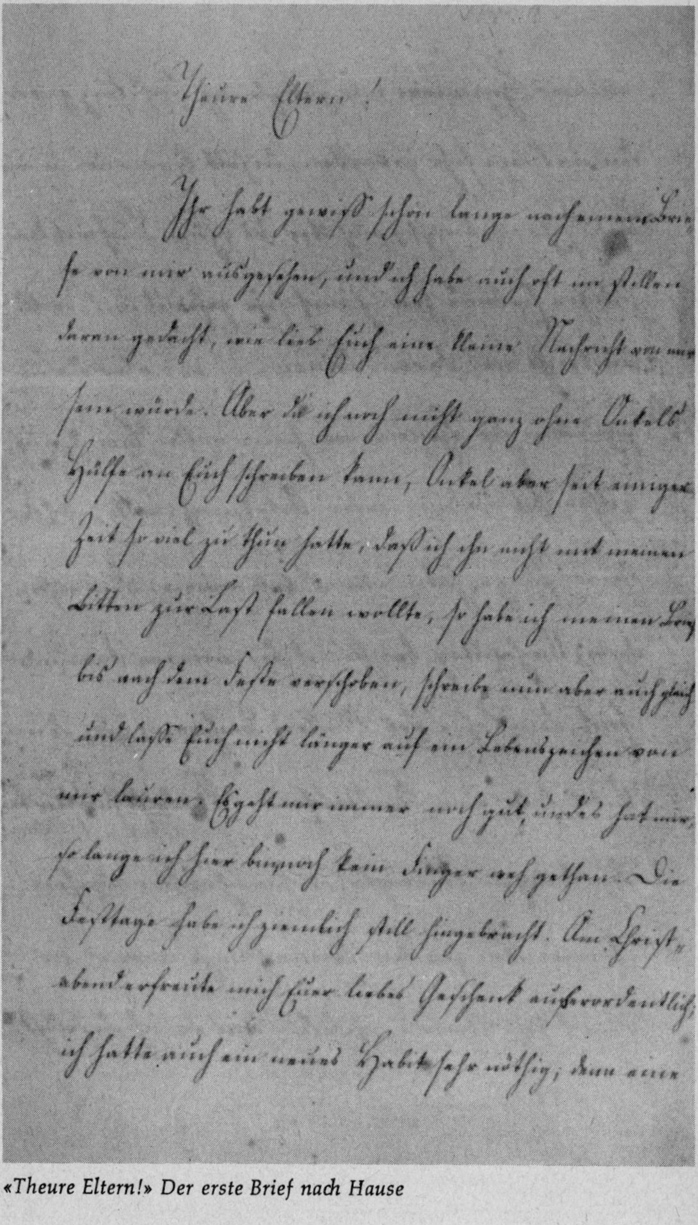

Theure Eltern!

Ihr habt gewiß schon lange nach einem Briefe von mir ausgesehen, und ich habe auch oft im stillen
daran gedacht, wie lieb Euch eine kleine Nachricht von mir
sein würde. Aber da ich noch nicht ganz ohne Onkels
Hülfe an Euch schreiben kann, Onkel aber seit einiger
Zeit so viel zu thun hatte, daß ich ihm nicht mit meinen
Bitten zur Last fallen wollte, so habe ich meinen Brief
bis nach dem Feste verschoben, schreibe nun aber auch gleich
und lasse Euch nicht länger auf ein Lebenszeichen von
mir lauern. Es geht mir immer noch gut, und es hat mir,
so lange ich hier bin noch kein Finger weh gethan. Die
Festtage habe ich ziemlich still hingebracht. Am Christ-
abend erfreute mich Euer liebes Geschenk außerordentlich;
ich hatte auch ein neues Habit sehr nöthig, denn mein

«Theure Eltern!» Der erste Brief nach Hause

Pastor Georg Kleine.
Anonyme Zeichnung

tigsten Impulse geben sollte. Buschs spätere knappe Beschreibung dieses männlichen, geistig regen Pastors verschweigt diese wichtige Tatsache. Wenn man nicht wüßte, wie sehr sich Busch scheute, der Öffentlichkeit wesentliche Angaben über seinen Entwicklungsgang oder aus seiner Privatsphäre mitzuteilen, müßte man ihn der Undankbarkeit oder der Vergeßlichkeit beschuldigen. Trotzdem deutet auch das Wenige, was er über diesen Mann verlauten ließ, auf eine begabte Erzieherpersönlichkeit, besonders wenn man die Beschreibung seines Vaters damit vergleicht: *Der Onkel (jetzt über 80 und frisch) war ein stattlicher Mann, ein ruhiger Naturbeobachter und äußerst milde; nur ein einziges Mal, wennschon öfters verdient, gab's Hiebe, mit einem trockenen Georginenstengel; weil ich den Dorftrottel geneckt.*[9] Die gewiß nicht schmerzhaften symbolischen Hiebe mit dem trockenen Blumenstengel waren geeignet, dem Neffen zu bedeuten, daß die Achtung vor anderen Menschen den Dorftrottel nicht ausschließen darf. Die Milde dieser gelinden Bestrafung charakterisiert den Onkel als weisen Erzieher, der sich nicht gestattete, den eigenen Ärger als verdunkelndes Element in die symbolische Strafhandlung einfließen zu lassen. Indem auch er seinen Zögling mit Achtung behandelte, erhöhte er die Wirkung der Strafe kraft seines Beispiels.

Die Tatsache, daß sich Busch Jahrzehnte danach an dieses Vorkommnis erinnerte, beweist, welchen Eindruck es auf ihn gemacht hat. In seinem Werk hat er immer wieder gezeigt, wie schlecht das Verhältnis zwischen Lehrern und Schülern, zwischen sogenannten Erziehungsberechtigten und Kindern sein kann. In den *Abenteuern eines Junggesellen* läßt er *Tobias Knopp* zwei Freunde besuchen, die – jeder auf seine Weise – zeigen, wie wirkungslos die Bestrafung eines Kindes bleiben muß, wenn die Persönlichkeit des Erziehers gar

15

«Prügel machen frisch und kregel».
Meister Druff aus «Abenteuer eines Junggesellen», 1875

zu mangelhaft ist. *Meister Druff* stellt das Gesetz von Ursache und Wirkung auf den Kopf:

> *Druff hat aber diese Regel:*
> *Prügel machen frisch und kregel*
> *Und erweisen sich probat*
> *Ganz besonders vor der Tat.*[10]

Offenbar ist *Druff* von der Unverbesserlichkeit der menschlichen Natur überzeugt. Durch seine verwirrte Pädagogik sorgt er dafür, daß er mit seiner negativen Beurteilung des Menschen scheinbar recht behält. Denn wer wollte es dem im voraus bestraften Sohn verdenken, daß er die Streiche ausübt, auf die er nun ein Anrecht hat? Der primitiven Methodik des *Meisters Druff* stellt Busch ein Beispiel erhabener erzieherischer Theatralik entgegen. *Rektor Debisch* verläßt sich darauf, daß sein sonorer Appell an die Stimme des Gewissens seinen Sohn *Kuno* auf dem rechten Wege halten wird:

> *Kuno, sag ich, sieh mich an!!*
> *Deiner Taten schwarzes Bild*
> *Ist vor meinem Blick enthüllt;*
> *Und nur dieses sage ich:*
> *Pfui, mein Sohn, entferne dich!! —*[11]

Buschs Kommentar zu diesem pädagogischen Exempel ist eines der bekanntesten Zitate geworden:

> *Das ist Debisch sein Prinzip:*
> *Oberflächlich ist der Hieb.*
> *Nur des Geistes Kraft allein*
> *Schneidet in die Seele ein.*[12]

Der Rektor ist von seiner aufgeklärten Großartigkeit so sehr überzeugt, daß er den Mißerfolg seiner Methodik gar nicht wahrnimmt; der Sohn verläßt das Zimmer mit einem frechen Grinsen. Offenbar kann sich ein Erzieher nur auf die Gewalt seiner Geisteskraft verlas-

Rektor Debisch aus «Abenteuer eines Junggesellen»

Pfui, mein Sohn, entferne dich!! —"

«Bums! hört er, daß man draußen schießt».
Aus «Maler Klecksel», 1884

sen, wenn er sie – wie Pastor Georg Kleine – auch besitzt. Die in
Buschs Werk verstreuten Beispiele tragi-komischer Erziehungsko-
mödien entstanden ja nicht etwa aus der Bitterkeit eigener schlechter
Erfahrungen in dieser Hinsicht. Sie sind ein Ergebnis seiner eigenen
Beobachtung solcher Verhältnisse. Sein Vater war zwar streng, doch
Hiebe gab es nur im Ernstfall. Ein solcher war gegeben, als der kleine Wilhelm sich am Pulverfaß im Dachboden des Krämerladens be-
diente, um einen alten, ausgebohrten Kirchenschlüssel zu füllen und
draußen schreckliche Böllerschüsse abzugeben. In *Maler Klecksel* kehrt
dieser Kinderstreich wieder.[13] In den *Sprickern*, einer Sammlung
gelegentlich hingeschriebener Gedankensplitter für die spätere Verwendung in seinem Werk, schrieb Busch auch den Satz: *Durch die
Kinderjahre hindurchgeprügelt.*[14] Es ist klar, daß er diese Prozedur
verdammt. Andererseits war er aber davon überzeugt, daß der junge
Mensch mit einem unmißverständlichen Nachdruck auf die rechte
Bahn gebracht werden müsse. Diese Ansicht wird in Buschs Werk
immer wieder bestätigt. *Gott zieht an einer Hand, der Teufel an beiden Beinen*, heißt es wiederum in den *Sprickern*, und an gleicher Stelle:

18

Vergebens predigt Salomo
Die Leute machen's doch nicht so.[15]

Unter Buschs Gedichten ist eines, das unter Vorwegnahme des Kästner-Tons diese Gedanken drastisch-salopp zum Ausdruck bringt:

Nicht Artig

Man ist ja von Natur kein Engel,
Vielmehr ein Welt- und Menschenkind,
Und ringsherum ist ein Gedrängel
Von solchen, die dasselbe sind.

In diesem Reich geborner Flegel,
Wer könnte sich des Lebens freun,
Würd es versäumt, schon früh die Regel
Der Rücksicht kräftig einzubläun.

Es saust der Stock, es schwirrt die Rute.
Du darfst nicht zeigen, was du bist.
Wie schad, o Mensch, daß dir das Gute
Im Grunde so zuwider ist.[16]

In der Bildergeschichte *Plisch und Plum* zeigte Busch eine Art erzieherischen Mittelweg, dessen Methodik zwischen den lächerlichen Extremen von *Druff* und *Debisch* pendelt, ohne deshalb viel erfreulicher zu sein. *Magister Bokelmann* versucht darin zuerst auf «gütliche» Weise, seine Schüler *Paul* und *Peter* zur Mitarbeit im Unterricht zu bewegen. Da aber auch diesen das sogenannte Gute so zuwider ist, fällt ihm kein anderes Mittel ein, als ihre Gemüter durch eine routiniert verabreichte Tracht Prügel zu *erweichen*; die Wirkung ist, den tatsächlichen Machtverhältnissen entsprechend, nicht weiter verblüffend:

«Nunmehr» – *so sprach er in guter Ruh –*
«Meine lieben Knaben, was sagt ihr dazu??
Seid ihr zufrieden und sind wir einig?»
«Jawohl, Herr Bokelmann!» riefen sie schleunig.[17]

Die «bekehrten» Brüder sind vom Erfolg dieser Prozedur selbst so beeindruckt, daß sie ihren Hunden eine gleiche Behandlung angedeihen lassen. Allgemeine Zufriedenheit und finanzieller Profit stellen sich ein als direkte Folgen der Bravheit; eine peinlich verspießerte Auffassung von den segensreichen Folgen einer andressierten Manierlichkeit.

Man glaubt es kaum, daß diese dem Spießbürger wohlgefällige Geschichte vom selben Verfasser stammt, der durch die Lausbubengeschichte *Max und Moritz* berühmt geworden war. Man muß allerdings bedenken, daß sich Busch diese Bildergeschichte ohne große Lust in den frühen achtziger Jahren abgequält hat, einer für ihn schweren Zeit, in der er mit seelischen Spannungen und physischen Beschwerden zu kämpfen hatte. Zwar findet man auch in *Plisch und Plum* komische Einzelheiten, doch als Ganzes entbehrt das Werk der für Busch sonst so typischen Ironie. Obwohl er als Kind das Glück hatte, in Pastor Kleine keinen Schulwebel, sondern einen echten Erzieher zu haben, erschien ihm später jede Erziehungsmethode letztlich vergeblich. Sein Menschenbild war so gründlich negativ, daß die Erziehung bestenfalls eine Abschwächung seines rücksichtslosen Egoismus erreichen konnte.

Tugend will ermuntert sein,
Bosheit kann man schon allein.[18]

Drei Jahre lang war Wilhelm Busch in seinem Geburtsort Wiedensahl mit der Dorfjugend zusammen in die Schule gegangen. Die Übersiedlung nach Ebergötzen brachte jedoch eine bedeutsame Veränderung seiner soziologischen Situation, denn als Privatschüler des Pastors wurde er eine Art privilegierter Einzelgänger. Er empfand seine Andersartigkeit mit Genugtuung und freute sich, daß der Dorflehrer keine Macht über ihn hatte. Damit begann schon in diesen frühen Lebensjahren ein Prozeß der äußeren und inneren Absonderung, der Busch im Verlauf seines Lebens immer mehr zum beobachtenden Außenseiter werden ließ. Der Privatschüler, der von Ebergötzen solch distanzierte, altkluge Briefe nach Hause schrieb, hatte schon damit angefangen, sich in seinem Gefühlsleben zu verkapseln.

Sein Erzieher verfügte über eine vielseitige Bildung. Seine Interessen erschöpften sich nicht nur in geistlichen und geistigen Gebieten; er verfolgte mit Sachkenntnis die Entwicklung der Naturwissenschaften und beschäftigte sich eingehend mit der Imkerei und dem wissenschaftlichen Studium der Bienen. Als Bienenzüchter hatte er sich einen Namen gemacht und war Herausgeber eines «Bienenwirtschaftlichen Centralblattes». In Artikeln verfocht er die These der Parthenogenese der Bienen, einer neuen Fortpflanzungslehre dieser Insekten. Auch Wilhelm Busch beschäftigte sich später eingehend damit, und als junger Mann trug er sich einmal mit dem Gedanken, als Bienenzüchter nach Brasilien, dem *Eldorado der Bienen,* auszuwandern. Der Leser verdankt diesem Interesse die launig-verspielte Bildergeschichte *Schnurrdiburr oder die Bienen.*

In Ebergötzen erhielt Wilhelm eine Bildung, die weit über das hinausging, was ihm die Dorfschulen in Wiedensahl oder Ebergötzen hätten bieten können, denn Pastor Kleine hielt sich nicht nur an das übliche Pensum des Dorfschullehrplans. Er vermittelte seinem lernbegierigen Neffen eine gute Allgemeinbildung und gab ihm die vielseitigen Anregungen, die für sein späteres Lebenswerk wichtig waren. Indem er ihn mit den Anfangsgründen des Zeichnens und Malens vertraut machte, unterwies er ihn gleichzeitig in der Kunst des genauen Beobachtens, einer Gabe, die für den Karikaturisten unerläßlich ist. Doch nicht nur für den späteren Maler und Zeichner wurden in Ebergötzen die ersten Anregungen gegeben: *In den Stundenplan schlich sich nun auch die Metrik ein. Dichter, heimische und fremde wurden gelesen.*[19] Für Wilhelm Busch ergab diese frühe Einführung in die Metrik die Grundlage für seine spätere, unnachahmlich routinierte, verskünstlerische Meisterschaft. Auch das lebhafte Interesse an deutsch- und fremdsprachigen Dichtern, das er sich unter

Aus «Plisch und Plum», 1882

Selbstbildnis. Zeichnung

Anleitung des Onkels in Ebergötzen und – nach der Übersiedlung des Onkels dorthin – in Lüthorst am Solling aneignete, hat er bis ins hohe Alter bewahrt und erweitert. Noch als alter Herr las er neben deutschsprachigen Dichtern auch die Werke alter und moderner Engländer und Franzosen in den Sprachen ihrer Verfasser.

Buschs lebenslanger Hang zum Philosophieren fand schon in Ebergötzen reichliche Nahrung. Er griff alles auf, was sich ihm zufällig im Bücherschrank seines gelehrten Erziehers bot: *Zugleich fiel mir die Kritik der reinen Vernunft in die Hände, die, wenn auch damals nur spärlich durchschaut, doch eine Neigung erweckte, in der Gehirnkammer Mäuse zu fangen, wo es gar zu viel Schlupflöcher gibt.*[20] Beim Wirt des Ortes fand er auf dem Klavier in der Wirtsstube freireligiöse Schriften dieser Zeit, die *begierig verschlungen wurden.* Pastor Kleine scheint klug genug gewesen zu sein, den wissensdurstigen Jungen gewähren zu lassen. Er ließ sich nicht davon anfechten, daß er alsbald in seinem Neffen einen philosophischen Skeptiker und religiösen Freigeist vor sich hatte.

Erich Bachmann. Zeichnung

Für den Ausgleich sorgte der praktisch veranlagte, gradlinige Freund Erich Bachmann, ein Sohn des Müllers in Ebergötzen, den Wilhelm gleich bei seiner Ankunft zum Freund gewonnen hatte. Für beide Knaben war diese Freundschaft von Vorteil. Erich Bachmann durfte nachmittags am Privatunterricht seines neuen Freundes teilnehmen; ihm wurde dadurch eine bessere Bildung zuteil. Und Wilhelm Busch hatte in diesem Freund einen erdgebundenen Kameraden, der sich im Dorf und in der Umgebung auskannte und ihn daran hinderte, sich gar zu sehr auf der Mäusejagd im Labyrinth der Gehirnkammer zu verlieren. Erich führte den Freund in der väterlichen Mühle ein, im Dorf, in der umliegenden Gegend. Die beiden machten die Aufgaben zusammen, zeichneten draußen nach der Natur und fingen Forellen im Mühlbach. Die Freundschaft mit dem Müllerssohn hat Busch sein ganzes Leben aufrechterhalten: *Das Bündnis mit diesem Freunde ist von Dauer gewesen. Alljährlich besuch ich ihn und schlafe noch immer sehr gut beim Rumpumpeln des Mühlwerks und dem Rauschen des Wassers.*[21] Zwei kleine Zeichnungen erinnern an diese Zeit. Mit wenigen Strichen hat Busch (wohl als Kunststudent) das Wesentliche im Charakter der beiden Freunde festgehalten. Die eine Zeichnung, ein Selbstbildnis, zeigt noch ein weiches, träumerisches Gesicht, in welchem so manche Möglichkeit des späteren Ausdrucks der Zukunft vorbehalten bleibt. Das andere Bild gibt Erichs Züge wieder, fest, klar und eindeutig – ein künftiger Mühlenbesitzer und Familienvater.

Von Anfang bis Ende war die Beziehung zu Erich Bachmann von der unkomplizierten Selbstverständlichkeit, wie sie wohl am ehesten bei Jugendfreunden möglich ist. Was Busch, der lange Irrende, an seinem Freund bewunderte, war bestimmt nicht zuletzt die Eindeutigkeit seiner Berufswahl und Lebensführung. Auch in späteren Jahren fühlte er sich diesem Menschen gegenüber der lästigen Pflicht enthoben, in seinen Briefen an ihn den geistreichen Unterhalter spielen zu müssen, denn für ihn war er einfach der Jugendfreund und nicht der berühmte Wilhelm Busch. Aus diesem Grund sind die Briefe an Bachmann nicht sonderlich lesenswert. Sie enthalten keinerlei philosophische Erörterungen oder treffende Formulierungen seiner Beobachtungen, wie sie andere Empfänger oft erhielten. Sie zeigen aber gerade durch ihre Einfachheit, daß sich Busch im Verkehr mit dem alten Freund, der nichts dergleichen von ihm erwartete und den er nicht zu beeindrucken brauchte, am wohlsten fühlte. Der Müller Bachmann war der einzige Freund dieser Art in seinem Leben. Diese Sonderstellung des Müllers hat Busch den anderen Freunden und Bekannten gegenüber immer wieder hervorgehoben. An die Holländerin Maria Anderson schrieb er, daß er wieder einmal, wie schon oft vorher, nach Ebergötzen fahre, ... *wo ich den letzten und schönsten Theil meiner Kinderjahre verlebte. Noch immer erschüttert es mich, wenn das enge, felsige Thal mich umfängt, in dem die Quellen sich zu dem Bach vereinen, worin ich vor 30 Jahren Forellen mit der Hand gefangen. Kein Ort ist mir so vertraut wie Ebergötzen. Ich lese es wie ein Buch, wie 'ne Chronik; bei jedem neuen Besuch fang ich ein neu Kapitel an. Der Müller in der alten Mühle ist seit meinem zehnten Jahr mein Freund, der liebste und beste, den ich habe.*[22]

Sieben Jahre lang blieb Wilhelm unter der Obhut des geistlichen Onkels. Da aber der zielstrebige Vater Busch – wie *Lehrer Bötel* in der Bildergeschichte *Maler Klecksel* mehr auf das Praktische beschränkt – beschlossen hatte, daß Wilhelm Maschinenbauer werden sollte, mußte dieser im Herbst 1847 den verehrten Onkel verlassen, um in Hannover die Polytechnische Schule zu besuchen: *Sechzehn Jahre alt, ausgerüstet mit einem Sonett und einer ungefähren Kenntnis der vier Grundrechnungen, erhielt ich Einlaß zur*

Polytechnischen Schule in Hannover.[23] Obwohl er sich sehr bemühte, den Anforderungen dieser Schule gerecht zu werden, brachte ihm der anfänglich mäßige Erfolg in Mathematik nur das Zeugnis «viel guter Willen, etwas flüchtig» ein. Nach einem Ferienbesuch in Lüthorst bei Pastor Kleine verdoppelte er seine Anstrengungen in der Schule und brachte es auch in der Mathematik, die ihm nicht lag, zu guten Leistungen: *In der reinen Mathematik schwang ich mich bis zu «Eins mit Auszeichnung» empor, aber in der angewandten bewegte ich mich mit immer matterem Flügelschlage.*[24] Der Mathematiklehrer hatte guten Grund, den strebsamen Jungen vom Lande für «rühmlichen Fleiß und tadelloses Betragen» zu loben. Bedeutungsvoller für Buschs Zukunft war das Urteil seines Zeichenlehrers Heinrich Schulz, der ihm neben dem tadellosen Betragen auch die «Erste Klasse» im Zeichnen zugestand. Allerdings bemühte sich der eifrige Schüler nicht nur um die Bewältigung der im Zeichenunterricht gestellten Aufgaben; die Kolleghefte sind am Rand voll gutartiger und auch boshafter Karikaturen der Lehrer.

Auch der sechzehnjährige Schüler war immer noch bemüht, auf die Eltern den bestmöglichen Eindruck zu machen. Im September 1848 schrieb er an die Mutter: *Die Elementarmathematik hätte ich meinem Zeugnisse nach eigentlich nicht wieder zu nehmen brauchen, indeß ich weiß selbst am besten, wie es mit mir steht. Es ist für mich nicht allein nöthig, daß ich den Vortrag verstanden habe, sondern mein künftiger Lebenszweck erheischt mehr als das; ich muß ihn auch durchweg u. zu jeder Zeit im Gedächtnisse bereit haben. Dazu ist aber der verflossene Cursus viel zu unvollständig gewesen; wie du weißt: wegen der Unruhen und der Krankheit des zweiten Direkters. Besonders ein Haupttheil der Elemente, wie die Trigonometrie, ist so flüchtig vorgetragen, daß es für jemanden, der noch unbewandert in Mathematik ist, unmöglich wird, ihn vollständig sich zu eigen zu machen. Ich sagte das dem Direkter Karmarsch bei der Aufnahme, was er sehr günstig aufnahm. Er sagte: es zeuge von vieler Einsicht.*[25] Der künftige Lebenszweck, von dem der so einsichtsvolle Musterschüler schrieb, entsprach zu dieser Zeit immer noch dem Wunsch des Vaters, daß er Maschinenbauer werden solle. Der briefliche Hinweis auf die Unruhen bezieht sich auf die Wehen der politischen Fehlgeburt des Jahres 1848. Die Schüler der Polytechnischen Schule wurden als Hüter der Ordnung herangezogen: *Im Jahr 48 trug auch ich mein gewichtiges Kuhbein, welches nie scharf geladen werden durfte, und erkämpfte mir in der Wachtstube die bislang noch nicht geschätzten Rechte des Rauchens und des Biertrinkens; zwei Märzerrungenschaften, deren erste mutig bewahrt, deren zweite durch die Reaktion des Alters jetzt merklich verkümmert ist.*[26]

Märzerrungenschaften und *Reaktion* – Busch bezieht diese politischen Begriffe auf die persönlichen Belange des Schülers, der wohl kaum ahnte, was damals wirklich vor sich ging. Auch in späteren Jahren hat sich Busch kaum um die Tagespolitik gekümmert. In der Prosaerzählung *Eduards Traum* spricht *Eduard* sicher für seinen Schöpfer, wenn er sagt: *Mit der Politik gab ich mich nur so viel ab, als nötig, um zu wissen, was ungefähr los war. Vor wenigen Tagen war der größte Mann seines Volkes* (der von Busch verehrte Bismarck) *vom Bocke gestiegen und hatte die Zügel der Welt aus den Händen gelegt. Nun hätte man meinen sollen, gäb's ein Gerassel und Kopfüberkopfunter. Doch nein! Jeder schimpfte und schacherte und scharwenzelte so weiter und spielte Skat und Klavier oder sein Los bei Kohn und leerte sein Schöppchen, genau wie vorher, und der große Allerweltskarren rollte die Straße entlang, ohne merklich zu knarren, als wär er mit Talg geschmiert.*[27] Der Schüler Wilhelm Busch war nicht um seine politische Meinung befragt worden, als man ihn mit seinen Klassengenossen zum Bürgerschreck machte. Von zu Hause aus hatte er gewiß keine oppositionellen Gedanken mit auf den Weg bekommen. Als Erwachsener war er aber überzeugt, daß die menschliche Unvollkommenheit en masse durch ein starkes Staatsgefüge zusammengehalten werden müsse. An Lenbach, den berühmten Maler in München, schrieb er anläßlich eines neuen Königsporträts: *Denn voreilig, wie dies manchem erscheinen dürfte, sagt mir doch eine ahnungsvolle Zuversicht, daß unsere Menschheit in den nächsten fünfhundert Jahren noch nicht so von Grund aus gut geworden und gescheit, um die Monarchen ungestraft entbehrlich zu finden und ihre Konterfeis mit häßlicher Seelenruhe in den Ofen zu schieben.*[28] Es wäre allerdings verfehlt, Busch wegen dieser Briefstelle zum Monarchisten stempeln zu wollen, denn es ging ihm in erster Linie darum, dem befreundeten Maler etwas Angenehmes über sein neues Bild zu sagen. Seinem Scharfblick konnte ja nicht entgangen sein, daß die Persönlichkeiten der Monarchen ihren Völkern wohl kaum als Vorbilder eines idealen Menschentums dienen konnten.

Dem angehenden Maschinenbauer waren solche Gedankengänge allerdings noch fremd. Für ihn bedeuteten die Märzunruhen des Jahres 1848 die Emanzipation vom braven Schüler zum pfeifenrauchenden, biertrinkenden jungen Mann. Doch auch in einer anderen, für ihn und für sein späteres Publikum wichtigeren Weise begann sich sein neues Selbstbewußtsein zu behaupten, denn er beschloß kurzerhand, die Polytechnische Schule in Hannover zu verlassen, um sich dem Studium der Malerei zu widmen. Mit zwei Freunden, August Klemme und Karl Bornemann, ging er zur Düsseldorfer Kunstaka-

Zeichnungen und Karikaturen.
Aus Buschs Kolleghesten an der Polytechnischen Schule in Hannover,
um 1848—50

demie. Man kann sich unschwer vorstellen, welchen Unmut diese Eigenmächtigkeit des Sohnes bei dem strengen Vater in Wiedensahl ausgelöst haben muß. Dem nüchternen Mann war die neue Berufswahl des ältesten Sohnes völlig unverständlich, denn der sichtbare Erfolg auf einer künstlerischen Laufbahn war damals noch weniger die Regel als heute. Nichts ist leichter, als über die angebliche Engstirnigkeit der Väter berühmter Söhne den Kopf zu schütteln. Buschs Vater hatte nicht nur guten Grund, an den Berufsaussichten eines Malers zu zweifeln, er mußte auch befürchten, daß ihm der Sohn nun noch länger, als vorgesehen, auf der Tasche liegen würde. Um so erstaunlicher ist es, daß Vater Busch sich überhaupt dazu bringen konnte, der ihm vollkommen illusorisch erscheinenden Berufswahl des Sohnes schließlich zuzustimmen. Daß er es trotz seiner berechtigten Zweifel tat, daß er sich auch darauf einließ, dem abtrünnigen Maschinenbauer auch weiterhin die Ausbildungskosten zu bezahlen, ist immerhin anerkennenswert. Gewiß war es mehr die sanfte Beredsamkeit der Mutter, als die Überzeugungskraft der Argumente des Sohnes, die dem sparsamen Kaufmann seine Zustimmung abpreßte.

In Düsseldorf widmete sich der angehende Maler eifrig dem Zeichnen im Antikensaal, eine Tätigkeit, die der gealterte Busch im *Maler Klecksel*, seiner letzten großen Bildergeschichte, mit gelinder Ironie beschrieben hat. Doch was dem alten Mann nur noch ein ironisches Lächeln wert war, hatte dem jungen Kunststudenten damals eine große Enttäuschung bereitet. Der Düsseldorfer Kunstbetrieb brachte ihm keinerlei Anregung, keine großen Vorbilder, sein Kunstverständnis wurde auf keine Weise gefördert. Was er lernte, waren – gewiß nützliche – Kunstfertigkeiten, nicht Kunst. Auch diese bittere Erfahrung fand im *Maler Klecksel* ihren ironischen Niederschlag.

Die für ihn so unbefriedigende Studienzeit in Düsseldorf stand unter der Leitung von Wilhelm von Schadow, einem Sohn des berühmten klassizistischen Bildhauers Johann Gottfried Schadow. Die etwas fade, religiös gefärbte Kunst dieses Mannes, der zum Katholizismus übergetreten war, konnte den Sohn nüchterner Protestanten nicht begeistern. Trotzdem zwang sich Wilhelm Busch, die vom Vater so schwer erkämpfte Erlaubnis zum Kunststudium auszunutzen. Von der Düsseldorfer Langeweile enttäuscht, konnte er sich nicht gestatten, das Gefühl der Ernüchterung aufkommen zu lassen. Des Vaters Zugeständnis, ihn Maler werden zu lassen, mußte durch den erhöhten Fleiß des Sohnes nachträglich seine Berechtigung erweisen. Um sich nicht gehen zu lassen, gab sich der Kunststudent eine geharnischte Verfassung, die unter anderem verordnete: *Besagtem W. B. wird aufgegeben, sich morgens 7¹/₂ Uhr aus den Federn zu erheben. N. B. früher, wenn's beliebt*... Der Tag wurde in *Arbeits-*,

«Blume und Gärtner». Düsseldorf, um 1851/52

Bummelns- und Essenszeiten aufgeteilt. Ein besonderer Paragraph
hob hervor, daß das Aktzeichnen nie versäumt werden dürfe. Für
die Zeit nach dem Dunkelwerden verordnete er sich das *Studium der
Geschichte und der Komposition,* doch war er sich selbst gegenüber
wiederum gnädig genug, gewisse Menschenrechte rechtskräftig in
seiner Verfassung zu verankern: er gestattete sich, *zu Abend zu spei-
sen und Pfeife zu schwelgen.* Eine weitere Erleichterung lag in der
beruhigenden Versicherung, daß die rigorose Gesetzgebung an Sonn-
tagen außer Kraft trat. Auch für die eigene Bestrafung bei Nichtbe-
folgung der Vorschriften hatte er gesorgt: *Für jede Widersetzlich-
keit wird besagtes Subjekt-Objekt von einem moralischen Katzen-*

jammer höchst malträtiert werden.[29] In Anbetracht seiner prekären Situation war dies nicht nur eine lustige Formulierung, sondern ein Hinweis auf die für ihn immer gegenwärtige Geißel der moralischen Selbstbestrafung.

Trotzdem hielt er es nur ein Jahr in Düsseldorf aus. Im Mai 1852 zog er nach Antwerpen, um sich dort an der Königlichen Akademie der Künste weiterzubilden. Dort sah er sich plötzlich der lebensvollen niederländischen Malerei gegenüber, die ihn begeisterte: *In Antwerpen sah ich zum erstenmal im Leben die Werke alter Meister: Rubens, Brouwer, Teniers; später Frans Hals. Ihre göttliche Leichtigkeit der Darstellung, die nicht patzt und kratzt und schabt, diese Unbefangenheit eines guten Gewissens, welches nichts zu vertuschen braucht, dabei der stoffliche Reiz eines schimmernden Juwels, haben für immer meine Liebe und Bewunderung gewonnen; und gern verzeih ich's ihnen, daß sie mich zu sehr geduckt haben, als daß ich's je recht gewagt hätte, mein Brot mit Malen zu verdienen, wie manch anderer auch.*[30]

So wurde die Begegnung mit den großen Niederländern zum Höhepunkt und Tiefpunkt zugleich. Zwar schürten die Werke der Holländer seine Begeisterung für Malerei, doch gleichzeitig stellten sich Zweifel an den eigenen malerischen Fähigkeiten ein, die ihn nie mehr ganz verließen. Vorerst jedoch veranlaßte ihn dieses Erlebnis, sich selbst zu überprüfen; er wurde sich seiner eigenen Persönlichkeit mehr denn je bewußt. Am 26. Juni 1852 schrieb er in sein Tagebuch diese bedeutungsvollen Worte: *Von diesem Tage an datiere sich die bestimmtere Gestaltung meines Charakters als Mensch und Maler. Es sei mein zweiter Geburtstag.*[31] Zur Zeit dieser zweiten Geburt war Busch 20 Jahre alt.

Buschs kritischer Einstellung sich selbst gegenüber wollten die eigenen Bilder, die er während seines langen Lebens malte, selten genügen. Er vernichtete die meisten und signierte nur solche, die er als gelungen betrachtete. Unter seinen Bildern sind viele, die sich sehen lassen können. Der Einfluß der Niederländer ist unverkennbar, doch hat Busch nie eigentlich kopiert. Paul Klee läßt den Malereien Buschs kritische Gerechtigkeit widerfahren: «Eine Busch-Nachlaß-Ausstellung zeigt, daß dieser Künstler kein Spezialist allein war, sondern auch ein gutgehender Maler, freilich ist er nach dieser Seite eine etwas begrenzte Angelegenheit. Hals – verdünnt und verkleinert, aber etwas Hals eben doch. Kein Kitscher, sondern ein wohlorientierter Europäer. Einige Kerle mit roten Jacken gehören in eine Gemäldegalerie, sind durchaus gut.»[32]

Busch war noch kein Jahr in Antwerpen, als er den Eltern seinen überraschenden Entschluß mitteilte, nach Wiedensahl zurückzukehren: *Ich denke jetzt zu dem Punkte gekommen zu sein, wo ich meine Vorstudien so ziemlich beendet nennen kann. In Kurzem hoffe ich deshalb wieder bei Euch zu sein um dann verschiedene Studien nach der Natur zu malen und darauf ein Bild anzufangen.*[33] Ob er den großen Vorbildern zu entrinnen suchte, ob er fühlte, daß er die eigene malerische Basis außerhalb der holländischen Museen finden müsse, wissen wir nicht. Drei Monate nach dieser erstaunlichen Entscheidung war er allerdings immer noch in Antwerpen. Eine schwere Typhuserkrankung stellte sich ein und mahnte zur Heimkehr. Jan und Mie, Buschs holländische Wirtsleute, pflegten ihren kranken Mieter, der inzwischen kein Geld mehr hatte, bis er gesund genug war, die Reise nach Wiedensahl anzutreten. Mit einer roten Jacke und drei Orangen beschenkt, machte er sich auf den Weg.

Das kurze, aber ausgefüllte Leben in der großen Stadt lag nun hinter ihm. Er hatte sich an Volksbelustigungen beteiligt, hatte manche derbe holländische Volkssitte bestaunt und wohl auch tadelnd in seinem Tagebuch vermerkt; während des Besuchs des Königs von Belgien und der Königin von England hatte er, eingekeilt in der jubelnden Volksmenge, «Vive le roi» und «Vive la reine» geschrien – allerdings nicht ohne zu bemerken, daß die englische Königin wie eine prüde, unverheiratete Pastorentochter aussehe. Nun fuhr er, nur halb genesen, zurück in die ländliche Stille von Wiedensahl, zurück zu einem Vater, der doch auch sehen wollte, daß sich die finanziellen Opfer für den eigenwilligen Sohn gelohnt hätten.

Unter der Obhut des Pastors Georg Kleine hatte Busch auch die Welt der Märchen kennengelernt. Nach seiner Rückkehr beschäftigte er sich in Wiedensahl und Lüthorst mit den Märchen und Sagen, die damals immer noch von alten Landbewohnern erzählt wurden. Man ließ den immer noch Genesungsbedürftigen gewähren: *Von Märchen wußte das meiste ein alter, stiller, für gewöhnlich wortkarger Mann. Für Spukgeschichten dagegen, von bösen Toten, die wiederkommen zum Verdrusse der Lebendigen, war der Schäfer Autorität. Wenn er abends erzählte, lag er quer über dem Bett, und wenn's ihm trocken und öd wurde im Mund, sprang er auf und ging vor den Tischkasten und biß ein neues Endchen Kautabak ab zur Erfrischung. Sein Frauchen saß daneben und spann.*[34] Busch glaubte später, er habe damals leider nicht genug davon verstanden, um zu wissen, was wissenschaftlich bemerkenswert sei. Wahrscheinlich meinte er, man müsse unbedingt neue Märchen und Sagen auffinden, ehe sie von wissenschaftlichem Wert sein könnten. Die heutige Folklore interessiert sich aber sehr für Varianten bekannter Sagen und Märchen. Nicht nur die Märchentypen, auch die Motive, die den Aufbau eines Märchens ausmachen, wurden katalogisiert und zeigen interessante Ähnlichkeiten. Busch handelte auch ganz richtig, indem er die Eigenheiten des Erzählers und die Begleitumstände der Erzählsituation so genau beobachtete, denn dem heutigen Folkloristen sind diese fast eben so interessant wie das Märchen selbst. So ist Buschs Sammlung niederdeutscher Märchen, Sagen und Volkslieder ein brauchbarer Beitrag zur Volkskunde.[35]

Während der Vater ungeduldig darauf wartete, daß der Sohn etwas Sichtbares zuwege bringe, führte dieser weiterhin ein äußerlich unproduktives Leben. Er besuchte den Onkel in Lüthorst, machte von dort aus bei einem Liebhabertheater mit und teilte des Onkels Interesse an den Bienen: *Bei Gelegenheit dieser naturwissenschaftlichen Liebhaberei wurde unter andern auch der Darwin gelesen, der unvergessen blieb, als ich mich nach Jahren mit Leidenschaft und Ausdauer in den Schopenhauer vertiefte. Die Begeisterung für dieselben hat etwas nachgelassen. Ihr Schlüssel scheint mir wohl zu mancherlei Türen zu passen, in dem verwunschenen Schloß dieser Welt, nur nicht zur Ausgangstür.*[36] In vielen Beurteilungen Buschs hat man den Einfluß Schopenhauers häufig stark übertrieben. Vielleicht war auch manch seriöser Literaturkritiker froh, dem etwas fragwürdigen Busch den würdigen Schopenhauer an die Seite stellen zu können. Doch auch Theodor Heuss meinte, man könne bei Busch nicht Arthur Schopenhauer für alles verantwortlich machen.[37] Und wirklich kann man aus

der Tatsache, daß er sich mit dem damals meistgelesenen Philosophen beschäftigte, noch keine Anhängerschaft herauslesen wollen. Busch war als Mensch und als Denker viel zu selbständig, um der Anhänger irgendeines einzelnen Philosophen sein zu können. Von Augustinus, von Schopenhauer, von Darwin nahm er sich, was er für sein eigenes philosophisches Gebäude gebrauchen konnte. Den Rest ließ er, wie das obige Zitat zeigt, unbedenklich liegen. Spencers darwinistische Formulierung vom Kampf ums Dasein und Schopenhauers Ansicht von der unheilbringenden Gewalt des Lebenswillens, der die ganze Schöpfung beseelt, machte er sich jedoch zu eigen. In den späteren Bildergeschichten haben diese miteinander verwandten Themen immer neuen Ausdruck gefunden.

Vorläufig hatte Busch aber noch keine Bildergeschichten verfaßt. Er war sich immer noch unsicher, was er werden sollte. Insgeheim muß er manchmal wenigstens vorübergehend an seiner Befähigung zum Maler gezweifelt haben. Trotzdem zeichnete er eifrig weiter, in

33

Wiedensahl, in Lüthorst und bei Verwandten in Hameln. Er zeichnete, was ihm vor die Augen kam, Menschen, Tiere, ländliche Szenen aller Art. Für einen Heraldiker, Friedrich Warnecke, zeichnete er unzählige Wappen von Grabsteinen ab. Man kann sich vorstellen, wie dem Vater bei der ziellosen Beschäftigung seines nun längst genesenen Sohnes zumute war. Es war höchste Zeit, daß etwas geschah. Da schrieb August Klemme, der Studienkollege von Dortmund und Antwerpen, verlockende Briefe aus München. Busch beschloß, ihm dorthin zu folgen. Die Stimmung im Elternhaus war ohnehin unerträglich geworden. Mit Hilfe der Mutter und des verständnisvollen Onkels brachte man den verärgerten Vater noch einmal dazu, dem Sohn eine letzte Geldsumme auszubezahlen. Die Mutter ergänzte den mageren Betrag aus ihrem eigenen Ersparten, und bald fuhr Wilhelm Busch über Lüthorst nach München.

MÜNCHEN

In der bayerischen Kunstmetropole stellte sich für den Malstuden-
ten Busch gar bald heraus, daß *bei der grad herrschenden akademi-
schen Strömung das kleine, nicht eben geschickt gesteuerte Antwer-
pener Schifflein gar bald auf dem Trockenen saß* [38]. Er behauptete,
auf der von Wilhelm von Kaulbach geleiteten Kunstakademie das
Malen verlernt zu haben, welches er in Antwerpen gelernt hatte.[39]
Eine um so erfreulichere Ablenkung war ihm seine Aufnahme in den
Künstlerverein Jung-München, in dessen Kreis er so manchen Abend,
so manche Nacht rauchend, diskutierend, trinkend und – karikierend
zubrachte. In diesem Verein fand er Freunde, die ihm für das ganze
Leben verbunden blieben. Man neckte sich gegenseitig mit lustigen
Versen oder beißenden Karikaturen, wobei der trotz seiner Armut
immer gut gekleidete Wilhelm Busch meistens die Oberhand behielt.
Einer der neuen Freunde, Otto Bassermann – Buschs späterer Verleger – rächte sich wohl auch einmal:

> Ich möchte Wilhelm Busch wohl sein,
> Sein geistig Aug ist scharf und fein,
> Philosophie ist ihm nur Spiel,
> Er spricht gescheidt – nur etwas viel,
> Und sagt man «ja», so sagt er «nein», –
> Ich möchte doch der Busch nicht sein.[40]

Doch während die anderen Mitglieder des Vereins trotz der lusti-
gen Geselligkeit immer auch noch Zeit für ihre Arbeit fanden, tat
Busch nichts äußerlich Nennenswertes. Er beobachtete, karikierte die
Freunde, die seine eigene niederländische Manier des Malens nicht
gelten lassen wollten, seiner Karikatur aber höchstes Lob spendeten.
Die Jung-Münchener wanderten viel, hielten sich für längere Zeit in
Brannenburg auf und dann im kleinen Ammerland am Starnberger
See. Man lebte dort billiger als in München. Während der Faschings-
zeit taten sich die Vereinsbrüder durch originelle Darbietungen hervor. Man fragt sich aber unwillkürlich, was sich Busch wohl bei diesem sorglosen Leben gedacht haben mag. In einem Brief an die Holländerin Maria Anderson schrieb er später darüber diese aufschluß-
reichen Sätze: *Das Krähen des Hahns, der der Hel geweiht, ist freilich bedeutungsvoll... Ich selber hab ihn oft gehört, wenn ich in
der Fremde vom nächtlichen Gelage kam; er rief mir dann ein wohl-
bekanntes ländliches Haus vor die Seele, das Haus meiner Eltern.*[41]
Von seinem enttäuschten Vater konnte er kein Geld mehr erwarten.
Er war ja auch jung und gesund genug, um sich seinen Lebensunter-

halt selbst verdienen zu können. Doch
fühlte er wohl, unsicher, wie er nun
war, daß er sich zu dieser Zeit kein ra-
dikales Abweichen von dem immer noch
nicht ganz aufgegebenen Traum, Maler zu werden, leisten konnte. In seiner
inneren Bedrängnis flüchtete er immer
wieder nach Niedersachsen zurück, aber
nach dem neutralen Lüthorst, nicht
nach Wiedensahl zu den Eltern. Manchmal blieb er nur einige Wochen, dann
aber auch einmal eineinhalb Jahre! Und
was tat er dort? *Ein Liebhabertheater
im benachbarten Städtchen zog mich in
den angenehmen Kreis seiner Tätigkeit.*[42] Er verfaßte eine satirische Klein-
bürgerkomödie *Einer hat gebimmelt und
alle haben gebummelt*, schrieb und
zeichnete Theaterzettel und war ein beliebter Hauptdarsteller und gern gese-
hener Gesellschafter. Vater Busch muß
dem Treiben seines Sohnes voller Zorn
zugeschaut haben. Es konnte ihn kaum
versöhnlicher stimmen, daß sich Wilhelm neben allen ländlich-idyllischen
Vergnügungen auch weiterhin dem Studium der Bienen widmete oder daß er

versuchte, für seine Sammlung niederdeutscher Volksmärchen einen
Verleger zu finden. Busch hatte die Märchen mit Zeichnungen versehen und wartete lange – vergeblich – auf ein Lebenszeichen von
einem Verleger, der ihm einmal Hoffnungen gemacht hatte. Im Mai
1858 kehrte er in den Kreis der Jung-Münchener zurück.

Das lustige Münchener Vereinsleben zog ihn erneut in den Strudel
anregender, aber doch unproduktiver Vergnügungen, als ob er gar
nicht fort gewesen wäre. Dann erreichte ihn eines Tages die Nachricht, daß Anna, seine jüngste Schwester, gestorben sei. Diese ernste
Mahnung an die Vergänglichkeit wurde für Wilhelm, den ältesten
Sohn der Familie Busch, ein Aufruf zur bestimmteren Lebensführung.
Er malte wieder. Er zeichnete mit größter Gewissenhaftigkeit ana-
tomisch genaue Studien des menschlichen Körpers und einzelner Kör-

perteile. Allen Ernstes eignete er sich nun die Fähigkeiten an, die für seinen späteren Erfolg als souveräner Karikaturist wesentlich waren. Und es war auch höchste Zeit, denn in den Kulissen seiner Lebensbühne hielt das Schicksal eine Persönlichkeit bereit, deren Auftritt seinem Leben die entscheidende Wende brachte, Caspar Braun, Verleger der damals berühmten satirischen Wochenschrift «Die Fliegenden Blätter» und der «Münchener Bilderbogen». Im Herbst 1858 saßen sie sich eines· Nachts bei einem der üblichen lustigen Gelage der Jung-Münchener gegenüber. Caspar Braun erkannte in dem jungen Niederdeutschen den begabten Karikaturisten, mit dem sich für die «Fliegenden» etwas machen ließe. Er bot ihm die Mitarbeit an. Damit wurde Busch zum erstenmal in seinem Leben die Möglichkeit geboten, mit seiner Kunst auch Geld zu verdienen. Man muß sich

vorstellen, was dies für den an sich selbst Verzweifelnden bedeutete. *Es kann 59 gewesen sein, als die «Fliegenden» meinen ersten Beitrag erhielten: zwei Männer auf dem Eise, von denen einer den Kopf verliert. – Ich hatte auf Holz zu erzählen. Der alte praktische Strich stand mir wie andern zur Verfügung; die Lust am Wechselspiel der Wünsche, am Wachsen und Werden war auch bei mir vorhanden. So nahmen denn bald die kontinuierlichen Bildergeschichten ihren Anfang, welche, mit der Zeit sich unwillkürlich erweiternd, mehr Beifall gefunden, als der Verfasser erwarten durfte.*[43] Busch wußte wahrhaftig nicht, was er von sich erwarten durfte, denn seine Karikaturen hatten bisher nur der Belustigung seiner Freunde gedient. Doch Caspar Braun als erfahrener Beurteiler zahlloser Beiträge für seine Zeitschrift wußte, daß er ein außergewöhnliches Talent vor sich hatte. Busch akzeptierte unbedenklich, was ihm der Verleger bot – und das war gewiß wenig. Aber der entscheidende Anfang einer produktiven Schaffensperiode war damit gemacht. Verglichen mit den Zeichnungen der späteren Bildergeschichten sind die Figuren noch mit zu großer naturgetreuer Ausführlichkeit gezeichnet. Die Virtuosität des knappen Strichs, die Kunst des Weglassens, hatte Busch noch nicht erreicht. Vorläufig waren die Beiträge zu den «Fliegenden Blättern» in erster Linie Illustrationen für fremde Texte, welche die Hauptsache waren. Bald zeigte sich aber, daß Busch nicht nur ein begabter Zeichner war, der die Leserschaft der «Fliegenden» mit skurrilen Bildern erfreute; er konnte auch selbst Texte schreiben, Prosa und Verse. Die frühen Prosatexte der Bilder wirken in ihrem absichtlich «drolligen» Erzählstil etwas steif. Sie lassen noch nichts von Buschs oft eigenwilligem, kapriziösem Erzählstil ahnen, wie er sich nach einigen Jahrzehnten in den Prosaerzählungen *Eduards Traum* und *Der Schmetterling* manifestierte. Auch die Verse des Anfängers

Caspar Braun. Zeichnung von O. Roth

haben noch nichts von der Virtuosität und Treffsicherheit, welche
die Bildergeschichten nach *Max und Moritz* immer mehr auszeichne-
te. Trotzdem zeigt die Schnelligkeit, mit der er seine Verskunst ver-
vollkommnete, daß das Studium der Metrik bei Onkel Georg Kleine
nicht vergeblich gewesen war.

Die Beiträge für die «Fliegenden Blätter» waren in erster Linie
Produkte des drängenden Ernährungstriebes[44]. Außer den «Fliegenden» gab Caspar Braun auch die «Münchener Bilderbogen» heraus, in denen er die besseren Beiträge aus seiner Wochenschrift

Illustration zu «Der harte Winter».
Einer der ersten Beiträge Buschs in den «Fliegenden Blättern», um 1859

nochmals verwendete, ohne dafür bezahlen zu müssen. Doch im April 1859 begannen die Bilderbogen, auch neue Arbeiten Buschs zu veröffentlichen. Zuerst erschienen *Die kleinen Honigdiebe* und *Der kleine Maler mit der großen Mappe*. Bei den *Honigdieben* handelt es sich noch um ein anspruchsloses erzieherisches Exempel mit einer an Heinrich Hoffmanns «Struwwelpeter» erinnernden «Und das sollen sich alle Kinder merken»-Moral. *Der kleine Maler* besteht aus Bildern, die mit herkömmlicher Perfektion ausgearbeitet sind. Als Vorlage dazu diente eine kleine Zeichnung, die den klein gewachsenen Jung-Münchener Maler Stöger darstellt und deren schnell hingezeichneten Striche weitaus komischer wirken als die perfektionierte Version in den Bilderbogen. Buschs Talent des Weglassens unwesentlicher Elemente hatte sich in der rasch gezeichneten Vorlage wie zufällig geäußert; in den Bildergeschichten machte es sich erst nach und nach bemerkbar.

In den ersten fünf Jahren der Arbeit für Caspar Braun hat Busch den «Fliegenden Blättern» und den «Münchener Bilderbogen» etwa

«Stöger im Gebirg»

«Der kleine Maler mit der großen Mappe», April 1859

«Der Kompositeur am Morgen». Karikatur auf Kremplsetzer, um 1860

130 kleinere und größere Arbeiten geliefert. Interessant sind diese Dinge nur für denjenigen, der den Entwicklungsgang Wilhelm Buschs in seinem Metier verfolgen will. Doch konnte Busch schon im ersten Jahr seiner neuen Tätigkeit mit einigermaßen gutem Gewissen nach Wiedensahl reisen, zwar immer noch knapp bei Kasse, doch auch mit gestärktem Selbstbewußtsein. Von nun an verbrachte er jeden Sommer nicht nur in Lüthorst oder in Wolfenbüttel, wo der verheiratete Bruder Gustav lebte, sondern auch in Wiedensahl bei den Eltern. Und immer begleitete ihn jetzt die Arbeit an seinen zeichnerischen Projekten. Die Ausbildung war vorbei, er war nun jemand und konnte sich vor dem Vater sehen lassen. Sei es in Wiedensahl, sei es in München, die Arbeit stand jetzt immer im Vordergrund. Dabei beteiligte er sich nach wie vor an den Freuden des Jung-Münchener Kreises, wanderte mit den Freunden Otto Bassermann und

Ernst Hanfstaengl in der oberbayerischen Landschaft herum, kostete ausgiebig das berühmte Bier im Kloster Andechs und verfertigte das Libretto für eine unbedeutende «romantische Oper» von Kremplsetzer, *Der Vetter auf Besuch,* welche der Verein Jung-München als Beitrag zum Münchener Fasching aufführte. Er nahm teil an Maiwein-Waldpartien und an Tanzbelustigungen und schrieb nebenher noch schnell ein Puppenspiel im Stil grausiger Ritterdramen.

Diesem Trubel aus Arbeit und Belustigung entriß ihn im Oktober 1860 eine plötzliche Krankheit. Man weiß nicht genau, was es war, vielleicht Typhus, vielleicht auch eine Nikotinvergiftung, denn Wilhelm Busch war inzwischen ein Kettenraucher geworden. In einem Brief an Bassermann, der gerade verreist war, schrieb er: *Seit dem Tage Deiner Abreise hat mich das Schleimfieber. Anfangs hab ich mich stark dagegen gesträubt, ich ging aus während ein paar schöner Tage, aber plötzlich warf es mich unwiderstehlich nieder; einige Zeit glaubte ich, es sei aus mit mir. Nachdem ich nun drei Wochen ununterbrochen das Bett gehütet, kann ich seit etwa 8 Tagen wieder auf sein, worin ich es jetzt fast bis auf einen ganzen Tag gebracht habe. Mein Apetit hat sich vortrefflich wieder eingefunden, so daß ich von Tag zu Tage meine Kräfte wachsen fühle und wieder etwas Fleisch sammle. Es war auch gar zu erbärmlich. Freilich auch jetzt schlottert mir noch die Hose an den Gebeinen; Popo und Bauch sind wie weggeblasen; nun! ich gräme mich nicht darum; nur kostet es doch etwas viel Geld, besonders, wenn ich das mitrechne, was in der Zeit hätte verdient werden können.*[45] Der Verlust seiner etwas reichlichen Bier-Korpulenz war im Grunde zu begrüßen. Der Bierkonsum nahm nach der Krankheit merklich ab, doch das Rauchen selbstgedrehter Zigaretten konnte und wollte sich Busch nicht abgewöhnen. Er hat es bis zu seinem Tode beibehalten.

Der Künstlerverein Jung-München begann schon im Jahre 1860 zu verkalken. Bassermann gegenüber äußerte Busch sein Mißvergnügen an vereinsmeierischen Finten, durch die man nicht genehme Außenseiter und Mitglieder fernhalten wollte. Doch im Fasching 1862 kam es noch einmal zu einem rauschenden Höhepunkt mit einer von Busch inszenierten Märchenaufführung, welcher auch der Hof beiwohnte.[46] Aber schon im nächsten Jahre begann der Verein sich aufzulösen. Durch die Gründung eines Gegenvereins versuchten Busch und Gleichgesinnte den ursprünglich jungen Geist der Künstlergruppe in die neue Vereinigung hinüberzuretten. Doch der Versuch, die Vereinsseele durch Verpflanzung in einen neuen Körper am Leben zu erhalten, blieb erfolglos, der Geist widersetzte sich einer zweiten Inkarnation.

Nach und nach verlagerte sich Buschs Tätigkeit von München nach

Wilhelm Busch und Otto Bassermann

Wiedensahl. Er arbeitete an den vier Geschichten der *Bilderpossen*, die der Verleger Heinrich Richter – Sohn des verehrten Ludwig Richter – im Herbst 1864 in Dresden herausbrachte. Erstaunlicherweise blieben die originellen Geschichtchen unverkauft liegen. Der tüchtige Caspar Braun hätte es wohl besser verstanden, sie erfolgreich auf den Markt zu bringen. Doch Busch hatte gehofft, der für ihn nicht eben lukrativen Verbindung mit Braun zu entrinnen. In den *Bilder-*

possen zeigte sich schon Buschs Reichtum an grotesken, bizarren und oft grausamen Einfällen; trotzdem lassen sich die darin enthaltenen Episoden *Der Eispeter, Katze und Maus, Krischan mit der Pipe* und *Hänsel und Gretel* noch nicht mit der Vollkommenheit der späteren Arbeiten vergleichen, weder hinsichtlich der Zeichnungen noch der Verse, obwohl *Krischan mit der Piepe* durch den Gebrauch des Platt einen eigenen Reiz hat. Als Otto Bassermann die *Bilderpossen* 1880 nochmals herausgab, war auch ihnen durch den inzwischen berühmt gewordenen Namen des Verfassers der Erfolg gesichert.

Busch war so gutmütig, dem mit den *Bilderpossen* erfolglos gebliebenen Heinrich Richter unentgeltlich ein anderes Werk anzubieten, das er in der Zwischenzeit fertiggestellt hatte. Richter dankte höflich, aber ablehnend. Ihm fehlte die verlegerische Phantasie; er ahnte nicht, welche große Gelegenheit er damit verpaßte. Caspar Braun, an den sich Busch notgedrungen wieder wandte, war gewitzt genug, sogleich zuzugreifen. Busch erhielt eine einmalige Abfindung von 1000 Gulden (etwa 1700 Goldmark). Braun wollte seine neue Erwerbung nicht in den «Fliegenden Blättern» zerstückeln, sondern in Buchform herausgeben. Der Verfasser war dankbar und überglücklich, daß sein Verleger sich so viel von der Sache zu versprechen schien: *Geben die Götter, daß ihr freundlich-prophetischer Blick in die Zukunft sich bewahrheiten und dieser unruhevolle Dornen- und Wanderstab endlich abgelegt und ein stilles Eckchen finden möge.*[47] Die prophetischen Augen hatten richtiger gesehen, als es dem Propheten selbst bewußt war; das neue Werk, *Max und Moritz*, wurde zum bisher größten Erfolg des Münchener Verlages. Für Busch brachten die zahllosen Auflagen von *Max und Moritz* allerdings keine weiteren Einnahmen, denn er hatte ja mit der einmaligen Abfindung alle Rechte abgetreten. Für den Absatz seiner künftigen Werke war es jedoch wichtiger, daß sein Name nun bekannt wurde.

Das Leben eines Menschen im allgemeinen und das Lebenswerk eines vielseitigen Künstlers im besonderen sind als Ganzes so schwer zu fassen, daß man sich immer wieder gezwungen sieht, zu schematisieren, abzugrenzen und einzuteilen, was im Grunde nicht teilbar ist. Auch bei Wilhelm Busch ist es nicht so einfach, von eindeutigen Schaffensperioden zu sprechen. Man kann sich dieser Vereinfachung bedienen, wenn man nicht vergißt, daß in jeder dieser sogenannten Perioden auch solche Werke auftauchen können, die ihrer Art nach

.

Ach, was muß man oft von bösen Kindern hören oder lesen! Wie zum Beispiel hier von diesen,

Welche Max und Moritz hießen.

«Max und Moritz», 1865

eigentlich – wie man meinte – in frühere oder spätere gehören. In diesem Sinne zeichnen sich bei Busch drei Schaffensperioden ab: 1858 bis 1865, von den ersten Beiträgen zu den «Fliegenden Blättern» bis zu *Max und Moritz*; 1866 bis 1884, die Zeit der großen Bildergeschichten; und 1885 bis zum Todesjahr 1908, die Zeit der Prosa und Gedichte. Aus dieser Sicht erscheint *Max und Moritz* gleichzeitig als der Höhepunkt der frühen und als Beginn der mittleren Periode. Es ist sozusagen das Gesellenstück Wilhelm Buschs, denn ein Meister war er noch nicht. Die zeichnerische Manier erinnert an frühere Arbeiten, und die Verse sind im großen und ganzen schlecht und recht zusammengereimte Begleittexte für die Bilder. Trotzdem kündigt sich in den Versen schon manchmal eine neue Entwicklung an, denn sie werden stellenweise zu Trägern ironischer Gedanken. Mit dem Einströmen der Ironie begann sich Busch nicht nur als Zeichner, sondern auch als Verskünstler zu behaupten. Von nun an schreitet diese Entwicklung stetig fort, bis bald jeder Satz, den er ungereimt oder gereimt hinschreibt, einen ironischen Hintergedanken mit unvergleichlicher Treffsicherheit formuliert.

Buschs reifere Werke sind ausnahmslos Satiren, und die Ironie ist das ihm gemäße satirische Ausdrucksmittel. Gero von Wilperts präzise Definition der Ironie ist gleichzeitig eine treffende Charakterisierung des Werkes Wilhelm Buschs: Die Ironie ist «... die komische Vernichtung eines berechtigt oder unberechtigt Anerkennung Fordernden, Erhabenen durch Spott, Enthüllung der Hinfälligkeit, Lächerlichmachung unter dem Schein der Ernsthaftigkeit, der Billigung oder gar des Lobes, die in Wirklichkeit das Gegenteil des Gesagten meint...»[48]. Oft ist es bei Busch der Kontrast zwischen der komischen Zeichnung und dem nur scheinbar ernsthaften Begleittext, der die Ironie sichtbar werden läßt. Schon in *Max und Moritz* gibt es Beispiele dieser Art:

> *Ach, was muß man oft von bösen*
> *Kindern hören oder lesen!*
> *Wie zum Beispiel hier von diesen,*
> *Welche Max und Moritz hießen...*[49]

Das Bild zeigt aber keine boshaften Delinquenten, sondern lustignette Lausbubengesichter; der übertrieben klagende Tonfall tut das seine, um ein fälschliches Ernstnehmen zu verhindern. Noch deutlicher ist die lächerlich machende Wirkung des absichtlichen Stilbruchs in den komisch elegischen Versen der *Witwe Bolte* zu hören, deren rührselige Erhabenheit in gar keinem Verhältnis steht zum tatsächlichen Anlaß, dem Verlust ihrer Hühner:

> *Fließet aus dem Aug ihr Tränen!*
> *All mein Hoffen, all mein Sehnen,*
> *Meines Lebens schönster Traum*
> *Hängt an diesem Apfelbaum!* [50]

Tränen, Sehnen und schönster Traum werden durch den banalen Kontrast des Apfelbaums ironisch zunichte gemacht. Ein anderes Opfer des jugendlichen Tatendrangs, *Lehrer Lämpel*, wird schon durch seinen Namen als Lämpchen, als kleines Licht bezeichnet. Nachdem ihn die Explosion seiner Pfeife vorübergehend arbeitsunfähig machte, lamentiert Busch mit ironischem Pathos, dem man anhört, daß seiner Meinung nach der Erziehungskunst nicht viel verlorengeht:

> *Wer soll nun die Kinder lehren*
> *Und die Wissenschaft vermehren?* [51]

Die Ironie in *Max und Moritz* richtet sich durchweg gegen die Opfer der Streiche, nicht gegen die Übeltäter. Busch war damals weit davon entfernt, sich über Lausbübereien moralisch zu entrüsten, obwohl er sich als alter Herr dann doch weidlich ärgerte, als ein boshafter Dorfjunge absichtlich die geliebten Rosen zu ruinieren trachtete.

Auch in der kurzen Bildergeschichte *Hans Huckebein, der Unglücksrabe* (1867 in der «Illustrierten Welt») und in der überall bekannten Bildergeschichte *Fipps der Affe* (1879) verspottet Buschs ironische Satire die Opfer der unermüdlichen Betriebsamkeit. Die «Untaten» der tierischen Übeltäter nimmt er jedoch gelassen hin, wie ja auch schon *Max und Moritz* keinen wirklichen Tadel von ihrem Schöpfer ernteten. Die tierischen und menschlichen Störenfriede der Ordnung sind nur Variationen des gleichen Prinzips, unterschiedliche Verkörperungen des immer gleich bleibenden, unbändigen Lebenswillens. Sie alle wollen sich ungehindert ausleben, wenn nötig auch auf Kosten anderer. So heißt es von *Fipps dem Affen*:

> *Auch hat er ein höchst verruchtes Gelüst,*
> *Grade so zu sein, wie er eben ist.* [52]

Busch war durchaus dagegen. Doch meinte er, daß die jeweiligen Inkarnationen des Lebenswillens ihrerseits die unglücklichen Opfer der drängenden, ruhelosen Weltordnung seien. Für ihn, wie für Schopenhauer, repräsentierte der Lebenswille das Böse in der Welt. Der böse Lebenswille war die Ursache, deren Wirkungen er in den besprochenen Bildergeschichten komisch darstellte. Es konnte nichts schaden, wenn dabei die wohlgeordnete Welt gesetzter – aber keinesfalls «guter» – Menschen etwas durcheinander kam. Die Bewohner dieser geordneten Welt sind durchweg entweder dumm oder unsympathisch dargestellt. *Bauer Dümmel* erlöst die Nachbarschaft von Fipps, die unglaubwürdige Tante in *Hans Huckebein* konstatiert vor ihrem scheinheilig dreinschauenden Neffen ein moralisches Exempel, und *Max* und *Moritz* werden recht beiläufig hingerichtet von Menschentypen, die auch nicht als Repräsentanten des Guten gelten können.

Diejenigen Bildergeschichten Buschs, die sich hauptsächlich der rastlosen Betriebsamkeit tierischer oder menschlicher Plagegeister widmen, sind zwar unterhaltsam, komisch und oft auch geistreich, doch verblassen sie trotz dieser Qualitäten, wenn man sie mit solchen Werken vergleicht, in denen seine Satire lächerliche Eigenschaften einzelner Typen oder Gruppen der menschlichen Gesellschaft verspottet: die Selbstzufriedenheit und zweifelhafte Moralauffassung des Spießers, die Frömmelei bürgerlicher und geistlicher Personen und die Anmaßung geistlicher Würdenträger. Buschs satirische Einschätzung der Frauen ist dagegen nicht auf einzelne Werke beschränkt; sie tritt bei ihm überall zutage.

Wilhelm Busch, um 1862

Busch blieb sein ganzes Leben lang unverheiratet. Einmal allerdings hatte er ein Mädchen, das ihn interessierte, im Haushalt seines Bruders Gustav in Wolfenbüttel kennengelernt. In einem Brief an Bassermann aus dem Jahre 1864 schrieb er über ein Wiedersehen mit diesem Mädchen: *In Wolfenbüttel blieb ich über 14 Tage bei durchweg sonnigem Wetter. Herrlich! Erdbeerbowlen, Waldparthien und ländliche Spiele. Wie man nur so kindisch sein kann! Aber schön war's! — Besonders die Partie nach der Köhlerhütte, tief im dunkelgrünen Wald, mit Wein in Menge und recht lustigen Frauenzimmern; beim Heimwege am späten Abend, Mädchen am Arm, flimmerte alles von tausend und tausend Funken, theils aus dem Kopf heraus, theils drum herum von Johanneswürmchen, wie ich so viel noch nie bei einand gesehen. Ein hübsches Kind, das ich da wiederfand, bot mir auf's neue manch heimlich-gute Stunde. Ein närrisches Herz, was der Mensch im Leibe hat!* [53] Man sieht, daß Wilhelm Busch, vielfach als Weiberfeind verschrien, sich auch noch als zweiunddreißigjähriger, immer noch junger Mann am sommerlichen Funkenregen einer jugendlichen Verliebtheit begeistern konnte. Er hat sogar in aller Form um die Hand des hübschen Mädchens, der nur siebzehnjährigen Anna Richter, angehalten. Doch Vater Richter lehnte ab. Die beruflichen Aussichten des Bewerbers schienen gar zu gering.

Die Darstellungen ehelicher Zustände in Buschs Werk sind durchweg ironisch, manchmal sarkastisch. Doch braucht man dies nicht allein seiner persönlichen Enttäuschung zuzuschreiben. Schon als Kind hatte er manch abschreckendes Beispiel unguter ehelicher Verhältnisse beobachten können. In seiner selbstbiographischen Schrift *Was mich betrifft* beschreibt er einen dieser frühen Eindrücke: *Vor meinem Fenster murmelt der Bach; dicht drüben steht ein Haus; eine Schaubühne des ehelichen Zwistes; der sogenannte Hausherr spielte die Rolle des besiegten Tyrannen. Ein hübsches natürliches Stück; zwar das Laster unterliegt, aber die Tugend triumphiert nicht.* [54] Immer wieder richtete sich der sarkastische Spott des scharfen Beobachters gegen solche Ehen, die ihn wegen ihrer Mangelhaftigkeit seinen Junggesellenstand schätzen ließen. Mit besonderem Vergnügen verlachte er solche Ehemänner, die, wie der erwähnte «besiegte Tyrann», ihren Frauen das Regiment im Hause überlassen. In der frühen Bilderepisode *Wie man um den Hausschlüssel bitten lernt* muß der gewalttätige Haustyrann dann doch kleinlaut um die Erlaubnis bitten, mit dem Hausschlüssel versehen ausgehen zu dürfen. In der *Brille* kommt es gar zu brutalen Gewalttätigkeiten zwischen den Eheleuten. Auch hier gewinnt die Frau den Kampf, obwohl der Mann

«Wie man um den Hausschlüssel bitten lernt».
Aus den «Bildergeschichten», 2. Teil

zuerst das Mobiliar zusammenschlägt. Am Ende bittet er *demutsvoll und flehentlich* um seine Brille, die er dann *mit Freud und Dankgefühl* annimmt. Seiner in Herrscherpose dastehenden Gemahlin küßt er devot die Hand. Buschs Sarkasmus ist in dieser Bilderepisode so unverhüllt scharf, daß man als Leser kaum noch lachen kann. Die Satire ist hier so bissig, daß sie, um mit Jean Paul zu sprechen, «dem Lachen durch Bitterkeit den Mund verschließt»[55]. In der *Frommen Helene* jagt *Tante Nolte* den *Onkel Nolte* aus dem Bett – mit erhobenem Schlüsselbund, dem Symbol häuslicher Autorität. Die verheirateten Freunde, die *Tobias Knopp* in den *Abenteuern eines Junggesellen* besucht, werden alle von ihren Frauen beherrscht, und in der Prosaerzählung *Eduards Traum* wird die Frau als *der Vorgesetzte* bezeichnet. In dem Gedicht *An Helene* verspottet Busch brave Ehemänner, die nur im Wirtshaus den Mund aufreißen:

> *Dort zeigen frei sie ihre Redegaben,*
> *Sie, die zu Hause nichts zu sagen haben.*[56]

Unter diesem Gesichtspunkt versteht man auch, warum der Jung-geselle Busch in dem Gedicht *Der Einsame* erleichtert feststellt:

> *Er kennt kein weibliches Verbot,*
> *Drum raucht und dampft er wie ein Schlot.*[57]

Gewiß ein Vorzug, den Busch als Konsument von täglich 40 bis 50 Zigaretten aus schwerem französischem Tabak zu schätzen wußte. Trotzdem war seine Freude am Junggesellentum nicht gar so ein-deutig, wie man auf Grund seiner Verspottung schlechter Ehen an-nehmen könnte. Als man ihn im Alter fragte, warum er denn nie geheiratet habe, sagte er sehr einfach, dies Glück sei ihm eben nicht beschieden gewesen. Für eine Ehe ohne wirkliches Glück war er sich wohl zu gut. Und wo ein Glück als möglich erschien, war die Be-

«Und demutsvoll und flehentlich / Bemüht er um die Brille sich».
Aus «Die Brille» («Bildergeschichten»)

Aus «Die Fromme Helene», 1872

wußte schon vergeben oder, wie im Falle Anna Richter, durch den abschlägigen Bescheid eines strengen Vaters unerreichbar.

Von 1867 bis 1872 verkehrte Busch viel im Hause des Bankiers Keßler in Frankfurt am Main, in dessen Familie der Bruder Otto als Hauslehrer tätig war. Der Grund für die häufigen Besuche war nicht etwa eine besondere Zuneigung zum Bruder, mit dem er sich nicht sehr gut verstand, sondern die Anziehungskraft der Frau des Bankiers, Johanna Keßler, damals schon Mutter von einigen Kindern. Diese Frau sammelte Kunstwerke und hatte große Hoffnungen auf Wilhelm Busch als Maler. Sicher empfand es der Schöpfer der *Bildergeschichten* als eine Wohltat, daß er endlich einmal auch als Maler anerkannt wurde, zudem noch von einer nicht unattraktiven, reichen Dame, die darauf drang, das erste große Gemälde, das er malen würde, zu besitzen. Der so Geehrte mußte jedoch seine Gönnerin in dieser Hinsicht enttäuschen, denn er war zeitlebens entweder zu schüch-

54

tern oder zu bescheiden, große und prächtige Gemälde zu verfertigen. Was er malte, war im Kleinstformat, winzig genug, um es notfalls vor unbefugten Augen verstecken zu können. Wie es scheint, haben Buschs Gefühle für diese Frau zuweilen das Maß einer Freundschaft überschritten. Aus einem Brief, den er am 12. Januar 1875 an die Freundin in Frankfurt schrieb, geht nicht nur hervor, wie schwer es ihm wurde, sich mit der Unerfüllbarkeit seiner Wünsche in bezug auf diese Frau abzufinden, sondern auch, daß sie um den Zustand ihres häufigen Gastes wußte und ihn wohl auch einmal ermahnt hat: Im zweiten Satz dieses Briefes heißt es: *Sie vertraun dem milden Einfluß der Zeit.* Aus den nächsten Zeilen sprechen verhaltene Zärtlichkeit und das schmerzhafte Bewußtsein des Nicht-Dürfens: *Wohl und gewiß! Aber doch, derweil wir wandeln, geht all das Gute, was wir nicht gethan und all das Liebe, was wir nicht gedurft, ganz heimlich leise mit uns mit, bis daß die Zeit f ü r d i e s e s M a l v o r b e i.* Für dieses Mal – er rührt damit an seinen Glauben an die Wiedergeburt, einer Wiedergeburt allerdings, die wegen des Lethetrunks des Vergessens nicht die Hoffnung in sich trägt, bewußt an die Versäumnisse eines früheren Daseins anknüpfen zu können. Busch beschließt diesen Brief mit einer bildhaften Beschreibung seines Zustands, die den Leser an das melancholisch-humorvolle Ende der Prosaerzählung *Der Schmetterling* erinnert: *Es weht der Wind; das Schneegestöber hüllt mir Wald und Garten ein. Ich wollt ich wär ein Eskimo, säße hinter dem Nordpol, tief unter der Schneekruste, tränke Leberthran und könnte mich wärmen, an Was ich möchte.*

Bei Ihnen brennt's Feuer im Kamin. Da säß ich auch recht gern. Ihr W. B.[58] Uns zeigt dieser Brief vor allem, daß der arge Spötter hin und wieder von sehr zarten Empfindungen heimgesucht wurde, die ihm wohl mancher nicht zutraut. Seit dem Beginn seiner Freundschaft mit Johanna Keßler lebte Busch vier Jahre lang mehr oder weniger ständig in Frankfurt. Erst wohnte er als Gast bei Keßlers, hatte allerdings ein eigenes Atelier, später nahm er sich eine eigene Wohnung in der Nähe des Keßler-Hauses, und die Haushälterin der verehrten Bankiersfrau sah hie und da nach dem Rechten. Zwei Jahre später, 1872, gab er die Wohnung wieder auf und verlegte seinen Hauptwohnsitz nach Wiedensahl. Die Besuche in Frankfurt und der briefliche Verkehr mit Johanna Keßler wurden bis Ende 1877 fortgesetzt. Im Dezember dieses Jahres schrieb er den letzten Brief an die geliebte Frau, dann brach die Korrespondenz plötzlich ab. Erst im Jahre 1891, nachdem sie dreizehn Jahre älter geworden waren – der Bankier Keßler war inzwischen gestorben –, brachte die Vermittlung Franz von Lenbachs die vergrämten Briefpartner wieder zusammen. Inzwischen hatte der *milde Einfluß der Zeit* gewirkt, denn von nun

Johanna Keßler bei der Handarbeit, um 1870

an bis zu Buschs Tod verlief das Verhältnis zu Frau Keßler und zu ihren Kindern in den ruhigen Bahnen einer beständigen Freundschaft. Busch hat ja – aus Angst vor dem unvermeidlichen Biographen – fast alle Briefe, die er erhielt, vernichtet. Doch aus den brieflichen Anreden seiner Schreiben an Johanna Keßler läßt sich die Fieberkurve seiner Beziehung zu dieser Frau deutlich ablesen: *Meine sehr verehrte Frau Keßler! – Liebs guts Ungeheuer – Liebe Tante Johanna – Liebe Tante – Meine liebe Tante* – und dabei blieb es bis an sein

Lebensende. Als «Onkel Wilhelm» schrieb er auch viele Briefe an Letty und vor allem an Nanda Keßler, Johannas Töchter. Ihnen war er von Anfang an der Onkel, woraus sich später ganz natürlich die tragbare Onkel-Tante-Beziehung zu ihrer Mutter ergab.

> *Onkel heißt er günst'gen Falles,*
> *Aber dieses ist auch alles.* – 59

Eigentümlich war Buschs intensiver Briefverkehr mit der Holländerin Maria Anderson. Als sein erster Gedichtband, die *Kritik des Herzens*, im Oktober 1874 erschien, war das Urteil dieser niederländischen Schriftstellerin eines der wenigen positiven, welche ihn über die meist negativen Beurteilungen seiner Lyrik seitens des Publikums hinwegtröstete. Buschs Briefe an diese Frau sind sehr aufschlußreich

Die Villa der Keßlers in Frankfurt am Main

über sein Gedankenleben, auch wenn er, wohl irritiert durch die ihm oft lästige Fragerei, manchmal einen burschikosen Tonfall annimmt, der in Verbindung mit dem, was man «tiefste Lebensfragen» nennt, befremdend wirkt. Der unermüdlichen Fragerin mußte er alles beantworten, Fragen der Philosophie, Religion, Moral im allgemeinen, Moral im besonderen – die Fragen dieser Witwe in ihren Dreißigern wirken wie Äußerungen eines oberflächlichen Teenagers, der gerade mal Lust verspürt, über dergleichen Dinge unverbindlich zu schwatzen. Um so erstaunlicher ist es, daß sich Busch, der geschwätzige Fragereien haßte, immer wieder auf deren Beantwortung einließ. War es Dankbarkeit, weil sie zu den wenigen gehörte, die seine Lyrik schätzten? War es geschmeichelte Eitelkeit? Busch wäre der letzte gewesen, der diese Möglichkeit bestritten hätte. *Er ist ein Dichter, also eitel* [60], heißt es ja bezeichnend in einem seiner Gedichte. Oder bedeutete ihm diese Frau, die er anfangs nur brieflich kannte, mehr, als man bei nur brieflicher Bekanntschaft annehmen sollte? Die brieflichen Anreden an diese Frau sind nicht sehr aufschlußreich, lassen aber doch eine vorübergehende Intensivierung seiner Gefühle erkennen: *Meine liebe Frau Anderson – Liebe Mary* – und dann wieder nur *Liebe Frau Anderson.* Maria Anderson scheint ihren Briefpartner über den rein platonischen Charakter ihrer Zuneigung zu ihm einigermaßen beruhigt zu haben. Seine Antwort ist trotzdem nicht ohne einen Unterton von Skepsis: *Da Sie mich platonisch lieben, so will ich auch kein Brummbär sein. Liebe per distance gefällt dem Herrn wohl. Sie kommt mir vor, wie zwei Engelsköpfe auf Goldgrund.* [61] Trotzdem traute er der platonischen Distanz nicht so recht: *Sie haben gesagt, daß Sie meinen Geist liebten. – Gut! – Was kümmert Sie denn meine physikalische Beschaffenheit? – Sollten Sie etwa Geist und Seele miteinander verwechseln? – Das Bild der Seele, welches durch die Vermittlung der Sinne im Gehirn sich zeigt, heißt Körper. – Wehe, wehe! – Kommt Ihnen mein Geist, der vielgepriesene, gar so ungenügend vor?* [62] – Dieser Frau gegenüber, die ihn anscheinend mehr bedrängte, als ihm lieb war, sprach er eine deutliche Sprache. Bald mußte er jedoch noch deutlicher werden: *Sie haben selbst und zuerst unseren Verkehr so begrenzt, daß er gewissermaßen ein Zwiegespräch über den «platonischen Zaun» sein sollte. Fragen Sie nun aber zu genau nach meiner Person, so möchte mir das leicht eine Veranlassung geben, über den Zaun hinüber zu steigen. Eine verhängnisvolle, unberechenbare Veränderung der Situation. Wehe!* [63] Die unberechenbare Veränderung kam jedoch anders, als er befürchtet hatte. Frau Anderson wollte den rauhen Briefschreiber trotz aller Warnungen einmal persönlich treffen. Anscheinend war Busch doch auch neugierig genug, ihrem Drängen nachzugeben. Vielleicht mein-

Nanda und Letty Keßler

te er auch, es könne nichts schaden, sich am platonischen Zaun in die Höhe zu ziehen, um einmal kurz hinüberzusehen – nicht zuletzt, weil seine Wünsche in Frankfurt unerfüllbar bleiben mußten. Viel hat er allerdings nicht erwartet, denn der Brief, in dem er Maria Anderson Zeit und Ort der Zusammenkunft mitteilt, klingt erstaunlich kühl und ungeduldig: *Mein Geburtsort ist Wiedensahl im Hannöverschen. – Also die Frage wäre erledigt.*

Am Mitwoch nächster Woche werde ich von Frankfurt nach Heidelberg fahren. Es soll mir auf einen kleinen Bogen nicht ankom-

Maria Anderson

men. Wie wär's, wenn wir an besagtem Mitwoch Abend ein paar
Stunden auf dem Bahnhofe von Mainz verplaudern könnten? – Nennen Sie mir den Zug, mit dem ich Sie erwarten soll. Ihr W. Busch.[64]
Auf einen kleinen Bogen soll es ihm nicht ankommen! Wie herab-
lassend das klingt. Fast jede andere Frau hätte wohl auf das Stell-
dichein auf dem Bahnhof verzichtet, wenn sie in einem solchen, fast
beleidigenden Ton dazu aufgefordert worden wäre. Doch Maria Anderson hatte sich schon während des brieflichen Verkehrs mit dem
verehrten Busch nicht beirren lassen, obwohl ihr eine wenig galante
Behandlung zuteil wurde. Anscheinend wußte sie, was sie wollte. Aus
der Fotografie blickt uns ein unfrauliches Wesen an, strähnige Haare,
der Mund etwas zu hart, die Haltung gar zu steif. Eine gewisse Ver-

bocktheit liegt im Gesicht dieser Frauenrechtlerin, die sich «intellektuell» gebärdet und im wahrsten Sinne ihren Mann stehen will. Der Eindruck, den sie bei diesem ersten und letzten Zusammentreffen auf Busch machte, war denn auch nicht dazu angetan, ihn zum Übersteigen des platonischen Zauns anzufeuern. Nach dieser Zusammenkunft schlief der briefliche Verkehr langsam ein, obwohl die beharrliche Holländerin vorerst noch eifrig Briefe und Bücher schickte.

In der Zwischenzeit waren die ersten kompletten, in sich geschlosse-
nen Bildergeschichten auf dem Büchermarkt erschienen: *Der Hl. Antonius von Padua* (1870), *Die Fromme Helene* (1872) und *Pater Filuzius* (1872). Diese drei Werke sind teilweise oder ganz von Buschs
antiklerikaler Einstellung bestimmt. Der *Hl. Antonius* richtet sich
hauptsächlich gegen den Begriff der Heiligkeit, der in Buschs pessi-
mistischem Menschenbild ein Ding der Unmöglichkeit war. *In protestantischen Anschauungen aufgewachsen mußte es mir sonderbar erscheinen, daß es im Ernste einen wirklichen Heiligen, einen Menschen
ohne Sünde geben sollte.*[65] Und was es im Ernste nicht geben konnte, ließ Busch im *Hl. Antonius* zum ironischen Spaß entstehen: einen
verschmitzten «Heiligen», der mit kluger Berechnung seine menschliche Sündhaftigkeit durch Askese eindämmt, um sich dadurch die
beständigeren Freuden an der Seite der Himmelskönigin zu sichern.
Mit der Vergeblichkeit der Askese hat sich Busch immer wieder beschäftigt. In dem Gedicht *Der Asket* macht er deutlich, daß der darin
beschriebene greise Weltflüchtling trotz äußerster Diät immer noch
viel zu gründlich lebt. *Kein Schlüssel, und seis der Asketenschlüssel,
paßt zur Ausgangstür,* heißt es an anderer Stelle.[66] Im *Hl. Antonius* verdeutlicht Busch mit drastischer Allegorik, daß man unlieb-
same Eigenschaften der menschlichen Natur nicht weghungern kann.
Der asketische Klausner Antonius bittet den Himmel um ein *glaub-
haft Zeichen*, welches auch prompt erscheint in Form eines Tieres,
das allgemein als Repräsentant wenig geschätzter Eigenschaften an-
gesehen wird:

> *Und siehe da! – Aus Waldes Mitten*
> *Ein Wildschwein kommt dahergeschritten...*[67]

Asket und Schwein leben von nun an in einträchtiger Harmonie,
bis sie zusammen sterben und gemeinsam gen Himmel fahren. Die
Himmelskönigin läßt den dürren Asketen und sein rundliches Wild-
schwein in den Himmel ein und verdeutlicht dadurch, daß sie gewillt
ist, den Menschen so zu akzeptieren, wie er ist:

> *Willkommen! Gehet ein in Frieden!*
> *Hier wird kein Freund vom Freund geschieden.*
> *Es kommt so manches Schaf herein,*
> *Warum nicht auch ein braves Schwein!!*[68]

Diese Verse wurden vom Staatsanwalt als blasphemisch empfun-

«Und fuhren zusammen vors Himmelreich».
Aus «Der Hl. Antonius von Padua», 1870

den, abgesehen davon, daß er in dieser Bildergeschichte unzüchtige
Zeichnungen zu sehen meinte. Der Verleger Moritz Schauenburg
wurde vor dem Schöffengericht Offenbach «wegen durch die Presse
verübter Herabwürdigung der Religion und Erregung öffentlichen
Ärgernisses durch unzüchtige Schriften» angeklagt. Für den Zweck
der Verteidigung seines Werkes traf es sich günstig, daß Busch auf
folgende Tatsache hinweisen konnte: *Das Attribut der Sau wird dem-
jenigen Antonius zugeschrieben, welcher als Beschützer der Haustiere
hier und da verehrt wird.*[69] Mit der Verwendung dieses Attributes
im Dienste der Satire auf die Askese hat diese Tatsache natürlich
nichts zu tun.

In der *Frommen Helene* ist es vor allem die religiöse Heuchelei,
die Busch satirisch beleuchtet. Bürgerliche und geistliche Personen
sind darin gleichermaßen betroffen. Onkel und Tante *Nolte* halten
ihrem Nichtchen *Helene* eine zweifelhafte Moralpredigt:

63

«Helene!» – sprach der Onkel Nolte –
«Was ich schon immer sagen wollte!
Ich warne dich als Mensch und Christ:
Oh, hüte dich vor allem Bösen!
Es macht Pläsier, wenn man es ist,
Es macht Verdruß, wenn man's gewesen!»

«Ja leider!» – sprach die milde Tante –
«So ging es vielen, die ich kannte!
Drum soll ein Kind die weisen Lehren
Der alten Leute hochverehren!
Die haben alles hinter sich
Und sind, gottlob! recht tugendlich!

Nun gute Nacht! Es ist schon späte!
Und, gutes Lenchen, bete, bete!»⁷⁰

Dem Kind wird der tugendsame Lebenswandel von bürgerlichen
Moralpredigern angepriesen, denen das Pläsier des unmoralischen
Lebens durch den Verdruß unliebsamer Konsequenzen vergällt ist.
Man darf wohl annehmen, daß solchen Moralisten die Sündhaftigkeit gar nicht so übel erschiene, wenn sich die Verdrießlichkeiten des
Katzenjammers vermeiden ließen. Es ist natürlich nicht weiter erstaunlich, daß Lenchen sich von solchen Zweideutigkeiten nicht abhalten läßt, ein Leben genüßlicher Sündhaftigkeit zu führen. Nach *Helenes* tragikomischem Ende formuliert der aus Vorsicht tugendsame
Spießer *Nolte* einen recht anfechtbaren Moralsatz, der vielfach als
eine treffende Formulierung schopenhauerischer Weisheit ausgelegt
wird:

Das Gute – dieser Satz steht fest –
Ist stets das Böse, was man läßt!⁷¹

Wir werden später darauf zurückkommen.

Nicht die Moralpredigt der Verwandten, sondern das Beispiel ihrer moralischen Aufpasserei nahm sich *Helene* in ihren reiferen Jahren zu Herzen:

Ein guter Mensch gibt gerne acht,
Ob auch der andre was Böses macht;
Und strebt durch häufige Belehrung
Nach seiner Beß'rung und Bekehrung.⁷²

Bei allem Spott auf zwielichtige Bürgermoral kommt die Satire gegen die Geistlichkeit in der *Frommen Helene* keineswegs zu kurz. *Helenes* Sündhaftigkeit und ostentative Frömmelei finden geistlichen Beistand in der Person des *Vetters Franz*, eines Paters,

> *Den seit kurzem die Bekannten*
> *Nur den «heil'gen» Franz benannten.*[73]

Wie schon sein Vorgänger, der *Hl. Antonius*, war dieser Geistliche erotischen Abenteuern nicht abgeneigt. Doch während *Antonius* als geistlicher Opportunist immer noch menschlich genug ist, um komisch zu wirken, ist der *Vetter Franz* ein kalter Zyniker. Der *Hl. Antonius* kommt immerhin mit seinem Schwein in den Himmel, *Vetter Franz* endet in der Hölle. Buschs Darstellung der Geistlichkeit in der *Frommen Helene* fehlt das befreiende Lachen der humorvollen Ironie, die auch den Lacher selbst auf dem Umwege einer schmerzlosen Objektivierung zu Selbsterkenntnissen führen kann. Humor heißt ja Überwindung der Gegensätze zwischen dem Verspotteten und dem Spötter. Bei zunehmender Aggressivität der satirischen Darstellung wird die Kritik sehr scharf, der Abstand vergrößert sich, der Satiriker verschanzt sich auf seinem Standpunkt und schießt seine – oft vergifteten – Pfeile auf das Ziel seines Spottes. Je mehr der Satiriker seiner Aggression die Zügel schießen läßt, je tiefer er seine Pfeile in immer tödlichere Gifte taucht, desto mehr bekommt sein Spott einen bitteren Beigeschmack und wird zur Polemik. Die Gegensätze scheinen nun unüberwindlich, denn der Polemiker hat vergessen, daß auch er nur ein Mensch ist. So scheint auch der sarkastische Ton bei der Verspottung des religiösen Heuchlers in der *Frommen Helene* dem Verleger Bassermann die Sorge nahegebracht zu haben, daß auch diese Bildergeschichte, wie der *Hl. Antonius*, verboten werden könnte. Busch beruhigte ihn: *An die Häscher glaub ich nicht; doch kann's wohl nicht schaden, wenn das Publikum dran glaubt.*[74] Der Konflikt zwischen dem Bismarck-Staat und der katholischen Kirche hatte sich 1871 schon so zugespitzt, daß Busch mit Recht annehmen durfte, der Staatsanwalt werde sich in Sachen Religionsbeleidigung nicht allzusehr ereifern. Diese Briefstelle zeigt auch, daß er schlau genug war, sich von Befürchtungen dieser Art beim Publikum bessere Verkaufschancen zu versprechen.

Man hat Busch immer wieder einer boshaften Polemik beschuldigt. Tatsächlich hat er in politisch engagierten Werken das Gebiet der heilsamen Ironie manchmal verlassen und häßliche Polemiken verfaßt. Der weitaus größere Teil seines Werkes ist jedoch nicht von dieser Art. Einem Menschen, dessen scharfer Blick die moralischen Geschwüre seiner Zeitgenossen chirurgisch freilegte, darf man wohl einen gelegentlichen polemischen Schnitzer verzeihen. Man müßte selbst einer humorlosen Blindheit verfallen sein, wollte man die Beurteilung dieses erstaunlichen Mannes nur von seinen Fehlleistungen abhängig machen. Den Nimbus der Unfehlbarkeit hat Busch für seine Person nie beansprucht.

Die Bildergeschichte *Pater Filuzius* ist eine der Polemiken, von denen man wünschte, Busch hätte sie unterlassen. Sie entstand eben auch zu der Zeit, als sich das Kultusministerium und die katholische Zentrumspartei in den Haaren lagen. Besonders der Jesuitenorden wurde scharf angegriffen. Vom erfolgreichen Verkauf des *Hl. Antonius von Padua* und der *Frommen Helene* ermutigt, wollte Bassermann die Kauflust antiklerikaler Lacher ausnützen. Er regte Busch an, den umstrittenen Jesuitenorden nun direkt aufs Korn zu nehmen. Es ist dies das einzige Mal, daß sich Busch von einem Verleger sagen ließ, was er schaffen solle. Die zeitraubende Arbeit des Zeichnens und Verseschmiedens vollbrachte er in der überaus kurzen Zeit von nur sechs Wochen. Die Sache eilte, weil man ja nicht wußte, wie lang die antikatholische Stimmungswelle anhalten würde.

Um seinem produktiven Autor bei den Vorarbeiten am *Pater Filuzius* behilflich zu sein, schickte ihm Bassermann einen «Jesuitenspiegel» von Adolf von Harleß sowie Otto von Corvins «Pfaffenspiegel. Historische Denkmale des Fanatismus in der römisch-katholischen Kirche». Corvins Werk erregte jedoch Buschs Unwillen: *Der Pfaffenspiegel hat mich natürlich sehr interessiert, obschon mir der rationalistisch-vormärzlerische Freischärlerton von ganzer Seele zuwider ist. Du sagtest mir mal von einem eingestampften Verlagsartikel. Ist's dieser?*[75] Er war es gewiß, denn Otto von Corvins übles Machwerk hat auch zur Zeit der Weimarer Republik und zu Beginn des Dritten Reiches wiederholt den Unwillen der Gesetzeshüter hervorgerufen und wurde in den Jahren 1926 und 1934 ganz oder teilweise verboten. Es ist bezeichnend für das Regime des Dritten Reiches, daß man das Hetzbuch schon nach vier Monaten wieder freigab. Man hatte in Corvin einen gleichgearteten Ungeist entdeckt.

Busch nahm seine Anregungen für den *Pater Filuzius* aber nicht so sehr vom «Pfaffenspiegel», sondern von dem vergleichsweise etwas harmloseren «Jesuitenspiegel», dessen Inhalt im wesentlichen aus aufgewärmten Episoden älterer Schwanksammlungen besteht, die sich vor allem im 15. und 16. Jahrhundert einer großen Popularität erfreuten. Korrupte Mitglieder der Geistlichkeit wurden in diesen Sammlungen zuerst nur gelinde verspottet, später mit derb-komischer Polemik angegriffen. Ihnen allen an sprachlicher Gewandtheit weit überlegen waren die antikatholischen Polemiken Johann Fischarts.

Seinem «Jesuitenhütlein» (1580) erstand fast drei Jahrhunderte später in Buschs *Pater Filuzius* ein würdig-unwürdiges Echo.

Daß auch Busch selbst seinen *Filuzius* mit recht gemischten Gefühlen betrachtete, geht aus einem Brief an Bassermann hervor: *Es freut mich, daß dir der Fil., der ja auf Deine Anregung entstanden, nun auch gefällt. Familiär genommen ist er wohl drastisch zu nennen, aber politisch genommen, meine ich, ist er's nicht; er spricht einfach die neuesten Wünsche des Staates aus, die allerdings mit den Wünschen der Kirche nicht ganz übereinstimmen können. Der deutsche Michel mit der protestantischen und katholischen Haushaltstante und der staatskirchlichen Base; der Jesuit mit Verführung, Gift und Dolch und sonstigen feindlichen Gewalten im Bunde; die von ihm eingeführte ultramontane Presze nebst Gefolge – auf diesen Dingen als allegorischem Hintergrund beruht das kleine Familienstück. Der Wehr- Nähr- und Lehrstand werden dir auch wohl aufgefallen sein. Daß das Ding verboten wird, kann ich nicht glauben; aber wer weiß? – Die Annoncen im Börsenblatt kommen doch auch an die ultramontanen Denuncianten. Ich meine deshalb, auch hier dürfte nur diskret angedeutet werden. Ganz abgesehn davon ist es langweilig und peinlich, wenn der Erzähler einer Geschichte im Voraus des Längern und Breitern auseinander setzt, was er meint und was kommen soll...*[76] Peinlich ist das Auseinanderpflücken des deutschen *Familienstücks* vor allem deshalb, weil der Autor selbst intelligent und selbstkritisch genug war, um sehr wohl zu wissen, daß die Allegorik

«Horch! da tönt der Racheschwur!». Aus «Pater Filuzius», 1872

«Ein pechschwarzes Ei der Rache / Brütet seine Seele aus».
Aus «Pater Filuzius»

seines politischen Tendenzstücks reichlich plump ausgefallen ist. In einem anderen Brief nennt Busch den *Pater Filuzius* eine *allegorische Eintagsfliege.* Diese Bezeichnung ist durchaus zutreffend, denn neben der krassen Polemik findet man im *Pater Filuzius* herzlich wenig, was man nicht gut und gerne entbehren könnte. Sogar die Karikaturen sind zum Teil so überspitzt, das Gesicht des Jesuiten ist so erbarmungslos verteufelt, daß man damit nichts mehr anfangen kann. Die Satire hat hier im wahrsten Sinne den Geist aufgegeben. Das Lachen ist bei einer solchen Darstellungsweise nicht mehr möglich, denn, wie Lessing in der «Hamburgischen Dramaturgie» bereits treffend ausführte: der absolut Böse mag sich noch so komisch gebärden, er wird doch nur Widerwillen und kein Gelächter ernten.

Ebenso zeitbezogen wie der *Pater Filuzius* sind kleinere Beiträge Buschs zu den «Fliegenden Blättern», den «Münchener Bilderbogen» und zur «Deutschen Latern». Bei einigen handelt es sich um pamphletistische Machwerke, die ihre Entstehung dem Deutsch-Französischen Krieg 1870/71 verdanken. In der Zeit «nationalen Hochgefühls» mögen sie auf ein siegestrunkenes Publikum komisch gewirkt haben, doch für den heutigen Leser bereiten sie mehr Unbehagen als

Vergnügen. Sie sind Dokumente eines profanen Siegesjubels und gehässiger Schadenfreude. In diesen Werken, wie schon im *Pater Filuzius*, hatte Busch den objektiven Standpunkt verloren und war humorlos geworden. Am bekanntesten ist *Monsieur Jacques à Paris während der Belagerung im Jahre 1870*, worin Busch die zunehmende Verzweiflung eines hungernden Pariser Bürgers roh verspottet.[77] Am meisten hat aber *Monsieur Jacques'* Hund zu leiden, denn durch den Anblick seines zusammengerollten Schwanzes wird sein Herr *lebhaft an die Gestalt erinnert, welche man Wurst zu nennen pflegt.* Der Hundeschwanz wird amputiert und landet im Kochtopf. Selbst die grausame Komik dieser drastischen Maßnahme wird durch den Anblick des schmerzgekrümmten Tieres zunichte gemacht. Der malträtierte Köter dient außerdem als Versuchsobjekt für Explosionspillen, die sein Herr gerade erfunden hat; der Hundekopf explodiert: *Günstiger Erfolg der neuen Erfindung* konstatiert der Text mit unbekümmerter Sachlichkeit. Zwei hungrige Pariser werden ebenfalls zerfetzt, denn sie stürzen sich gierig auf die *geladenen Karbonaden,* die *Monsieur Jacques* den Preußen zugedacht hatte. Der Er-

Aus «Der Partikularist»

finder selbst wird am Ende so desparat, daß er sich selbst gegen die Zimmerdecke sprengt.

Weniger brutal und auch weniger einfallsreich ist *Das Napoleonsspiel*, eine Art Kinderversion des Deutsch-Französischen Krieges, reichlich sinnlos und ganz gewiß ein *Produkt des drängenden Ernährungstriebes*[78]. *Der Partikularist*, eine kurze Bilderfolge mit Prosatext, entstammt jedoch Buschs persönlichem Erlebnisbereich.[79] Er verhöhnt darin den Lokalpatriotismus der Deutsch-Hannoverschen Partei, die sich nicht daran gewöhnen wollte, daß das Königreich Hannover im Jahre 1866 eine preußische Provinz geworden war, und deren Sympathien während des Krieges 1870/71 nicht eindeutig auf seiten Deutschlands lag. Im Jahre 1872 griff Busch diese Grundidee wieder auf und schuf die Bildergeschichte *Der Geburtstag oder die Partikularisten*, ein vorwiegend humorvolles Werk, in dem politische Satire zugunsten der Belustigung über bäuerliche Pfiffigkeit fühlbar zurücktritt. Otto Bassermann schlug vor, Busch solle die Geschichte nach dem Vorbild des *Pater Filuzius* mit zeitbezogenen Allegorien stärker durchsetzen. Doch der Autor, dem das geheime Mißvergnügen an seinem Jesuitenpater noch nicht vergangen war, wollte nichts mehr von politischer Pamphletistik wissen: *Deine Proposition würde einer Umwandlung gleich sein, zudem der Geschichte einen Charakter geben, den ich geflissentlich vermieden habe. Vor allen Dingen lustig und dann nicht viel mehr!*[80]

Buschs Satire und Polemik gegen Repräsentanten der katholischen Kirche sollte für ihn ein unangenehmes Nachspiel haben. Er hatte 1873 in München einen Maler und Schriftsteller aus Düsseldorf flüchtig kennengelernt. Dieser Mann, Eduard Daelen, war vehementer Anti-Katholik und glaubte, in Wilhelm Busch einen gleichgesinnten Rufer im Streit gefunden zu haben. 1885, zwölf Jahre nach der ersten Begegnung in München, beschloß er, eine Biographie über Wilhelm Busch zu schreiben. Den Namen des berühmten antiklerikalen Spötters wollte er in die Arena des Kulturkampfes zerren. Außerdem durfte er erwarten, daß sein eigener, mühsam knarrender Dichterwagen von einem so zugkräftigen Pegasus in die durchsonnten Lüfte der Berühmtheit befördert würde. Bei der flüchtigen Bekanntschaft in München muß Daelen einen recht ordentlichen Eindruck gemacht haben, denn Busch ließ sich ohne weiteres auf das Vorhaben seines Bewunderers ein: *Ihren liebenswürdigen Brief, worin Sie mir mittheilen, daß Sie etwas über mich schreiben wollen, habe ich erhalten. Der Stoff, den Sie ausgesucht, scheint mir freilich gar nicht erspießlich zu sein; aber ein erfindsamer Kopf kann ja einen Kürbis melonisieren, oder aushöhlen und erleuchten, daß er nach was aussieht. Mit einer Verwendung von Illustrationen zu sothanem Zweck, wenn mein Verleger sie billigt, bin ich einverstanden. Für unsere Begegnung ist mir neutrales Gebiet das Liebste, und da Sie demnächst nach Hannover reisen, so bitte ich Sie freundlichst, mir dann zu schreiben, wo und wann Sie dort zu treffen sind. Ihr ergebenster Wilh. Busch.*[81]

Busch müßte über alle menschlichen Schwächen erhaben gewesen sein, wenn ihm der Vorschlag des begeisterten Verehrers nicht doch etwas geschmeichelt hätte, auch wenn er mit dem Hinweis auf den zu erleuchtenden Kürbis auf seine zweifellos vorhandene Bescheidenheit hinweist. Doch auch diesem fanatischen Anhänger gegenüber gibt er die letzte Reserve nicht auf; er will ihn, wie die meisten Besucher, nicht bei sich zu Hause, sondern auf neutralem Gebiet treffen. Schon bald kommen ihm verspätete Zweifel, ob er in Eduard Daelen wohl den richtigen Mann für eine so heikle Sache gefunden habe, wie es eine Biographie über einen noch lebenden Mitmenschen zwangsläufig sein muß. An Friedrich August von Kaulbach schrieb er über eine bevorstehende Reise nach Kassel: *Auf dem Wege dahin werd ich wohl auch den «Mann im Bart» (Daelen) sehen, der dich neulich besucht hat, von dem ich nicht weiß, was er eigentlich will oder kann. Für die gewöhnlichen biographischen Schreibereien, die naturgemäß entweder lügenhaft, langweilig oder indis-*

71

kret sind, besitz' ich keine absonderliche Verehrung. Ein anderes wär's, falls ein richtiger Schlaukopf der Sache in den Keller stiege und mal von Grund aus nachsähe, warum und wann die Leutchen eigentlich lachen.[82] Bei so vielen Zweifeln ist es erstaunlich, daß Busch den fanatischen Daelen gewähren ließ, auch nachdem er ihn auf dem Bahnhof in Hannover erneut kennengelernt hatte. Woran ihm persönlich lag, war keine Biographie über sich selbst, sondern eine literaturwissenschaftliche, psychologisch betonte Arbeit über das Wesen der Komik. Seine Versuche, Daelen in diese Richtung zu steuern, blieben, trotz brauchbarer Hinweise, die er ihm gab, vergeblich: *Nur zu gern betrachtet man den neckischen Zwist betriebsamer Wünsche mit Dem, was nicht so will; denn da man das Spiel durchschaut, da Verdruß und Ungeschick bei Andern sind, so fühlt man sich derweil an Leib und Seel so angenehm gedockt* (im Dock, geborgen), *daß man lachen muß. Zuweilen, doch nicht so herzlich, lacht man über sich selber, sofern man sich mal bei einer mäßigen Dummheit erwischt, indem man sich nun sogar noch gescheidter vorkommt, als man selbst.*[83]

Diese Briefstelle, wie so manches Theoretische, was Busch seinen Korrespondenten als gelegentliche Geistesblitze zukommen ließ, ist gar zu pauschal vereinfacht. Busch wußte sehr wohl, daß das brüllende Gelächter gehässiger Schadenfreude sich nicht nur quantitativ, sondern auch qualitativ von dem leisen Lachen des versöhnlichen Humors unterscheidet. In seinem Werk finden sich durchaus auch Beispiele dieses gelinden Humors. Seine Definition des Lachens in diesem Brief ist eben so unvollständig, als wenn jemand versuchen wollte, das Wesen der Musik aus einer einzigen Musikart zu abstrahieren. Indem Busch das Lachen als Ausdruck eines – immer unberechtigten – Überlegenheitsgefühls charakterisierte, brachte er sich selbst in eine paradoxe Situation; denn man fragt sich unwillkürlich, warum der Mann, der das Lachen so negativ beurteilt, seine Leserschaft immer wieder zum Lachen verführte. Man staunt über die Ambivalenz einer Persönlichkeit, die mit der einen Hand ihr Gegenüber kitzelt und mit der andern vergeblich versucht, sich beide Ohren gleichzeitig zuzuhalten, um das dumme Lachen nicht hören zu müssen. Busch konnte ja nicht verhindern, daß ihm wohlwollende Mitmenschen mit «Busch-Zitaten» ein Vergnügen bereiten wollten. Am peinlichsten war es ihm, als einmal in der Eisenbahn ein Mann den Mitreisenden aus den *Abenteuern eines Junggesellen* vorlas. Von schallendem Gelächter umgeben, schloß Busch die Augen und tat, als ob er schliefe.[84] Seine Abneigung gegen das Gelächter, das er mit seinen eigenen Werken verursachte, mag immerhin teilweise auf peinlichen Erlebnissen dieser Art beruhen.

Eduard Daelen

Worum es ihm in erster Linie ging, war die Erkenntnis der für ihn unausweichlichen menschlichen Eitelkeit, die auch den selbstkritischen Menschen nie ganz verläßt:

> *Die Selbstkritik hat viel für sich.*
> *Gesetzt den Fall, ich tadle mich:*
> *So hab ich erstens den Gewinn,*
> *Daß ich so hübsch bescheiden bin;*
> *Zum zweiten sagen sich die Leut,*
> *Der Mann ist lauter Redlichkeit;*
> *Auch schnapp ich drittens diesen Bissen*
> *Vorweg den andern Kritiküssen;*
> *Und viertens hoff ich außerdem*
> *Auf Widerspruch, der mir genehm.*
> *So kommt es denn zuletzt heraus,*
> *Daß ich ein ganz famoses Haus.*[85]

Mit diesem ironischen Selbstlob spricht Busch eine Erfahrung aus, die jeder machen kann, der, sozusagen auf einer Art geistigem Barbiersessel sitzend, die eigenen vorteilhaften Züge im Vorder- und Rückspiegel ad infinitum erblickt. Man hält sich wohl den Spiegel vor, doch der Rückspiegel des Eigenlobs ist unversehens auch wieder da.

In einem Brief an den befreundeten Bayreuther Dirigenten Hermann Levi drückte Busch später noch einmal klar aus, was er sich von Eduard Daelens Arbeit wünschte: *Als Herr D. mir schrieb, was er vorhatte, rieth ich ihm ab; als er dabei verharrte, macht ich gute Miene zum bösen Spiel. Dann sucht ich ihn persönlich zu veranlassen, weniger die Person als die Sachen zu besichtigen und weiterhin zu untersuchen und deutlich zu machen, wann und warum man lacht. – Ob's was geholfen, weiß ich nicht.*[86]

Es hatte nichts geholfen, und Busch hätte das wohl voraussehen können. Schon ein Jahr nach dem Zusammentreffen auf dem Bahnhof in Hannover erschien Daelens Buch über Wilhelm Busch in Düsseldorf: «Über Wilhelm Busch und seine Bedeutung. Eine lustige Streitschrift von E. Daelen. Mit bisher ungedruckten Dichtungen, Illustrationen und Briefen von W. Busch». Ein ausführlicher, zugkräftiger Titel, von dem sich der Verfasser einen guten Absatz versprechen durfte. Die Wirkung dieses Buches auf das Publikum war jedoch überaus peinlich. Daelen erging sich in Lobeshymnen lächerlichster Art, indem er den verehrten Meister mit bombastischer Verstiegenheit hochlobte und ihn den größten Geistern der Menschheitsgeschichte gleichstellte. Wilhelm Buschs Reaktion auf diese gedruckte Ungeheuerlichkeit blieb jedoch erstaunlich gelassen: *Sie haben sich in Ihrem Büchlein mit so viel Muth und Wohlwollen meiner angenommen, daß ich Ihnen meinen verbindlichsten Dank dafür aussprechen muß, wenn ich auch, wie Sie schon vermuthet, natürlich nicht ganz damit einverstanden bin... Der scharfe, leidenschaftliche Ton, den Sie, besonders auch zum Schluß, gegen die Ultramontanen anschlagen, stimmt, ob ich gleich kein Freund derselben, doch nicht zu meiner gelinden Gemüthsverfassung... Übrigens ist Ihr Büchlein, wie in frischem Anlauf begonnen, so mit andauernder Lebendigkeit zu Ende geführt. Hoffentlich haben Sie den erwünschten Erfolg damit. Nur fürcht ich Eins: Da das Lob, welches Sie ertheilen, schon dem Belobten viel zu groß erscheint (und der Mensch kann in dieser Hinsicht doch einen gehörigen Puff vertragen) so wird es andern Leuten erst recht so vorkommen.*[87] In diesem langen Brief gibt sich Busch die größte Mühe, seinen hitzigen Biographen mit Samthandschuhen zu behandeln, indem er neben zahlreichen Richtigstellungen sich immer wieder lobend über weniger mißlungene Teile des Buches äußert. An Lenbach schrieb er kurz und bündig, Daelens Werk stecke voller Flüchtigkeiten, Unrichtigkeiten, Taktlosigkeiten, und in einem Brief an Kaulbach klagte er: *Daß meine Sachen (ausgenommen ein paar Hungerprodukte und das Tendenzstückerl Filuzius) lediglich und vor allen Dingen zu meinem rücksichtslosen Pläsir zurecht geschustert, das ist eben manchen Leuten nicht begreiflich zu machen.*[88]

Wilhelm Busch. Zeichnung von Franz von Lenbach, um 1880

Im September 1886 erschien in der «Frankfurter Zeitung» ein Artikel «Aus Wilh. Buschs Leben», verfaßt vom Redakteur, dem Literarhistoriker Johannes Proelss. In diesem Artikel holt Proelss Wilhelm Busch vom Gipfel des Olymps herunter, wohin ihn Daelens Ballon entführt hatte. Nach der rhetorischen Frage aus Bürgers «Lenore»: «Bist untreu Wilhelm oder tot?», versichert Proelss dem Publikum, daß der wegen seiner zurückgezogenen Lebensweise oft totgesagte Wilhelm Busch immer noch am Leben sei – zwar nicht in olympischen Gefilden der Unsterblichkeit, sondern in den menschlichen Niederungen des Wiedensahler Flachlandes. Er erlöste Busch von der ihm unangenehmen Rolle des engagierten Kulturkämpfers und charakterisierte ihn vor allem als den außerordentlich fähigen Karikaturisten und Satiriker, der von Haus aus mehr dazu neige, Bestehendes satirisch zu beleuchten, als politisches Neuland zu erstürmen. Da aber Proelss seinerseits aus Daelens Buch viele Unrichtigkeiten übernommen hatte, sah sich Busch veranlaßt, selbst einzugreifen. Er verfaßte die kurze Selbstbiographie *Was mich betrifft*, die in der «Frankfurter Zeitung» in zwei Folgen erschien. Der Ironiker Busch konnte sich auch in diesem Artikel nicht verleugnen: *Es scheint wunderlich; aber weil andre über mich geschrieben, muß ich's auch einmal tun. Daß es ungern geschähe, kann ich dem Leser, einem tiefen Kenner auch des eigenen Herzens, nicht weismachen; daß es kurz geschieht, wird ihm eine angenehme Enttäuschung sein.*[89] Für den interessierten Leser war die Kürze dieser selbstbiographischen Skizze ganz gewiß enttäuschend, auch wenn ihn die humorige Beschreibung mancher Einzelheiten teilweise entschädigte. Denn im Grunde spricht Busch in dieser flüchtigen Selbstbiographie nur aus, was er in Briefen schon oft angedeutet hatte: Was mich persönlich betrifft, lieber Leser, geht dich durchaus nichts an. Der erste Teil dieser Schrift endigt mit diesen bezeichnenden Zeilen: *So viel wollt ich von mir selber sagen. – Das Geklage über alte Bekannte hab ich schon längst den Basen anheimgestellt, und selbst über manche zu schweigen, die ich liebe und verehre, kam mir hier passend vor.*[90] Man kann es Busch nicht verdenken, daß er keine Lust verspürte, Persönlichstes – wie den Verkehr im Hause Keßler – an die große Glocke zu hängen, um die Neugier der Öffentlichkeit zu befriedigen. Die Veröffentlichung der Informationen, die Daelen zumeist von andern erhalten hatte, war ihm peinlich genug gewesen.

Der zweite Teil von *Was mich betrifft* ist noch verschlüsselter als der erste, denn direkte autobiographische Angaben fehlen nun ganz. Mit satirischer Ironie behandelt Busch den wißbegierigen Leser: *Doch ich sehe, du hast dich gelangweilt. Das beleidigt mich. Aber ich bin dir unverwüstlich gut. Ich werde sonstwie für dich sorgen; ich verweise dich auf den vielsagenden Ausspruch eines glaubwürdigen Blattes. «Il faut louer Busch pour ce qu'il a fait, et pour ce qu'il n'a pas fait.»* * *Wohlan mein Freund! Wende deinen Blick von links nach rechts, und vor dir ausgebreitet liegt das gelobte Land aller gu-*

---

* Man muß Busch loben für das, was er gemacht hat, und für das, was er nicht gemacht hat.

ten Dinge, die ich nicht gemacht habe.[91] Er bittet darum, daß man ihn doch nicht gar so wichtig nehmen solle, denn er möchte seine Ruhe haben.

Trotz des auffallenden Mangels an biographischer Information ist der zweite Teil von *Was mich betrifft* durchaus nicht langweilig, auch wenn nur der Eingeweihte hier und da eine Bezugnahme auf wirkliche Menschen und Begebenheiten ahnen kann. Hier ein Beispiel: *Aber ich, Madam! und Sie, Madam; und der Herr Gemahl, der abends noch Hummer ist, man mag sagen, was man will.*[92] – Wie mag es Johanna Keßler zumute gewesen sein, als sie diese Zeilen las? Denn auf sie und ihren Mann scheint dieser Satz gemünzt. Doch gleich beruhigt sie der durch die persönliche Enttäuschung immer noch etwas sarkastische Autor: *Doch nur nicht ängstlich. Die bösen Menschen brauchen nicht gleich alles zu wissen. Zum Beispiel ich, ich werde mich wohl hüten; ich lasse hier nur ein paar kümmerliche Gestalten heraus, die sich so gelegentlich in meinem Gehirn eingenistet haben, als ob sie mit dazu gehörten.*[93] Mit lustigem Spott, der den Ernst verdecken soll, führt er den Leser im *Polterkämmerchen der Erinnerung* herum, von der *weißen Tür,* hinter der sich die Erinnerung an eine noch unschuldige Kindheit befindet, zur *roten Tür: Ein blühendes Frauenbild. Ernst, innig schaut's dich an; als ob's noch wäre, und ist doch nichts als ein Phantom von dem, was längst gewesen.*[94] Hinter *schwarzen Türen,* die man lieber zuhält, sitzt die Erinnerung an die eigenen Verfehlungen. Erst wenn in der Nacht das Tagesbewußtsein einschläft, öffnen sie sich: *Es kommt die stille, einsame, dunkle Nacht. Da geht's um in der Gehirnkapsel und spukt durch alle Gebeine, und du wirfst dich von dem heißen Zipfel deines Kopfkissens auf den kalten und her und hin, bis dir der Lärm des aufdämmernden Morgens wie ein musikalischer Genuß erscheint*[95] Bei aller Verhüllung der Einzelheiten spricht Busch in diesen Sätzen deutlich aus, daß er, der «Humorist», der scheinbar so lustige, respektlose Spaßmacher, für den ihn die meisten nahmen, auch seine dunklen Stunden hatte. Auf die Beschreibung nächtlicher Gewissensqualen folgen wehmütig-humorvolle Sätze, denen man nicht nur die Trauer um den Verlust der eigenen Schuldlosigkeit anhört, sondern auch die Klage um jeden Menschen, der in eine Welt hineingeboren wird, in welcher er den Zustand der Unschuld verlieren muß: *Nicht du, mein süßer Backfisch! Du liegst da in deinem weißen Häubchen und weißen Hemdchen, du faltest deine schlanken Finger, schließest die harmlos-träumerischen Augen und schlummerst seelenfriedlich deiner Morgenmilch mit Brötchen entgegen und selbst deiner Klavierstunde, denn du hast fleißig geübt.*[96]

Die Problematik seines Verhältnisses zu Frauen erscheint in einer sarkastischen und brutalen Beschreibung eines Krachs zwischen zwei Liebenden: *Er schlägt sie zu Boden, tritt ihr dreimal hörbar auf die Brust, und fort ist er. – Schnell ging's. – Und was für einen sonderbaren Ton das gibt, so ein Fußtritt auf ein weibliches Herz. Hohl, nicht hell. Nicht Trommel, nicht Pauke. Mehr lederner Handkoffer; voll Lieb und Treu vielleicht.*[97] Von den Frauen enttäuscht, treibt die welkende Hoffnung des Einsamen auf Liebe nur noch sarkastische Blüten und bittere Früchte. Hier, wie auch in manchen Gedichten, zeigt sich Busch in der Kunst der Selbstverwundung Heine verwandt, der es auch liebte, schmerzhafte Gefühle durch banale Kontraste zu verschärfen. Den ersehnten Zustand der *gelinden Gemütsverfassung* hatte Busch in bezug auf Frauen noch nicht erreicht.

So ist die Selbstbiographie trotz der absichtlichen Flüchtigkeit der Darstellung immer noch recht aufschlußreich. Busch scheint sich dieser Tatsache bewußt gewesen zu sein, denn er revidierte sie immer wieder. Die letzte Fassung, *Von mir über mich*, enthält noch weniger biographische Informationen als das frühere *Was mich betrifft*, und auch die befremdenden Anzeichen der Bitterkeit, der verzweifelten Belustigung über sich selbst und ungenannte andere sind daraus verschwunden. Der Autor wußte sehr wohl, daß die endgültige Fassung seiner Selbstbiographie mehr verhüllt als enthüllt: *Ich komme zum Schluß. Das Porträt, um rund zu erscheinen, hätte mehr Reflexe gebraucht. Doch manche vorzügliche Menschen, die ich liebe und verehre, für Selbstbeleuchtungszwecke zu verwenden, wollte mir nicht passend erscheinen, und in bezug auf andere, die mir weniger sympathisch gewesen, halte ich ohnehin schon längst ein mildes, gemütliches Schweigen für gut.*[98]

Jede Selbstbiographie besteht aus einem Gemisch von Dichtung, Wahrheit und Schweigen. Bei Busch überwiegt das letztere.

FREUNDSCHAFTEN

Als er sich im Jahre 1886 veranlaßt sah, den biographischen Übertreibungen und Unrichtigkeiten Eduard Daelens selbstbiographisch entgegenzuwirken, war er schon längst zum seßhaften Landbewohner geworden. *So hockt der Kerl in seinem Winkel und sieht leidlich zufrieden aus. «Er thut's aus Grundsatz», sagt Einer. «Er thut's aus Noth», ein Zweiter. «Er thut's aus Neigung», ein Dritter. Der Erste belacht, der Zweite bedauert, der Dritte verachtet ihn,* schrieb er an den Freund Kaulbach in München.[99] Im Frühjahr 1881 hatte er die Künstlerstadt an der Isar zum letztenmal besucht. Insgesamt hatte er viele Monate in dem bayerischen Bierquellenheilbad für Einsame zugebracht, wenn auch mit stetig abnehmendem Vergnügen an der Sache. Im Künstlerverein Allotria hatte er geistreiche Geselligkeit, Anerkennung seiner Person und mehr Zerstreuung gefunden, als ihm eigentlich lieb war. Aus einem Brief, den er damals an Johanna Keßler schrieb, spricht eine Mischung von genußreichem Vergnügen und schlechtem Gewissen: *Zu einem ausführlichen Briefe, den ich mir vorgenommen, kann ich mich noch immer nicht recht sammeln; man fetiert mich mehr, als ich's verdiene, und noch keinen Abend bin ich leider so früh nach Hause gekommen, daß nicht der Herr Portier bereits im tiefsten Schlummer gelegen hätte. Heute Abend gibt Seitz (der Maler Rudolf Seitz) Gesellschaft. Morgen Abend ist Ball, wo denn der neue Frack gar hübsch und gründlich eingewärmt werden soll ... Wie's da nun mit der eigentlichen Arbeit aussieht, das ahnen Sie wohl.*[100] So ging es mehrere Wochen lang: *Ich bin immer noch in einem gelinden Dusel. Bälle, Einladungen, maskierte Kneipen wechseln mit einander ab. Es ist mir, als litte ich an einer mäßigen Krankheit, an die man sich schließlich gewöhnen muß.*[101] Offenbar konnte Busch es sich nicht versagen, die verehrte Johanna Keßler ein wenig auf die Folter zu spannen: *Von allen Bekanntschaften interessiert mich eigentlich nur eine junge talentvolle Spanierin mit pechschwarzen Haaren aus Paraguay, die ich übermorgen Abend malen werde.*[102] In Wirklichkeit hatte er im Kreise der Allotria manche Menschen kennengelernt, die ihn auf die Dauer mehr interessierten als die pechschwarze Südländerin, unter anderem den Maler und späteren Akademiedirektor Friedrich August von Kaulbach, den berühmten Porträtmaler Franz von Lenbach, den Architekten Lorenz Gedon, den bekannten Dirigenten Hermann Levi und den Theaterschriftsteller und Publizisten Paul Lindau mit seiner charmanten Frau. Einige dieser Bekanntschaften aus dem Allotria würden zu lebenslangen Freundschaften. Buschs Briefe an diese Menschen gehören teilweise zu den interessantesten, die er geschrieben hat.

Paul Lindau hatte damals populäre Theaterstücke geschrieben («Ein Erfolg», «Gräfin Lea»), war Dramaturg des Königlichen Schauspielhauses Berlin und Herausgeber der Berliner Zeitschrift «Nord-Süd». Busch lernte ihn durch die Vermittlung des gemeinsamen Freundes Lenbach kennen. Die drei verlebten eine kurze, aber vergnügte Zeit miteinander, diskutierten nächtelang in Münchener Lokalen zum Leidwesen der Kellner, die nach Hause gehen wollten. Nach einer solchen Nacht lustiger und ernsthafter Gespräche frühstückten sie einmal bei Buschs altem Freund Ernst Hanfstaengl, der das übernächtige Trio in der Aufstellung der «Drei Grazien» frei nach Canova fotografierte. Lindau zeigte sich sehr von Buschs Scharfblick beeindruckt, «der alle Schwächen erkannte, sich über sie lustig machte, ohne sich zu ereifern, ohne sich zu entrüsten, mit demokritischem Schmunzeln lächelte, wie Figaro, um nicht weinen zu müssen»[103]. Lindau erkannte in Wilhelm Busch nicht nur die Eigenschaften des kritischen Beobachters, sondern auch die teils resignierte, teils humorvolle Einstellung, die den Kritiker angesichts seiner eigenen Mangelhaftigkeit auch gegen andere Schwächen milder stimmt. In der Zeitschrift «Nord-Süd» schrieb Lindau seine Würdigung Wilhelm Buschs, die auch heute noch im großen und ganzen gültig ist. Nun sollte man meinen, Busch sei froh gewesen, von einem namhaften Publizisten so gut verstanden zu sein, doch gab er auch diesem Mann gegenüber die Reserve nicht auf. Der Theatermann bemühte sich auch nach dem Zusammentreffen in München noch lange um den einsiedlerischen Norddeutschen, doch blieben seine Bemühungen ohne Erfolg. Man darf es Paul Lindau hoch anrechnen, daß er Busch gegenüber nicht bitter wurde, daß er im Laufe der Jahre immer wieder versuchte, den menschenscheuen Spötter aus seinem Bau zu locken. Er hatte ja auch keinen Grund, anzunehmen, daß er etwa auf ihn einen schlechten Eindruck gemacht habe. Der erste Brief, den ihm Busch noch von München aus nach Berlin schrieb, enthält keine Anzeichen dieser Art: *Lieber Lindau! Seit Sie fort sind, hat die lebendige Spannung der Federn im Getriebe unserer nächtlichen Ergötzlichkeiten beträchtlich nachgelassen. Bereits vor Mitternacht flattere ich mit mattem Flügelschlag dem Neste zu, wo die zwei bewußten Zipfel rechts und links das Ohr des Schläfers wärmend überragen. – Aber Sie und Ihr hübsches Madamchen? Wie fuhren Sie heim? Saßen die neu erworbenen Pantoffeln auch recht bequem? Und dann: wie schauten zwei große dunkle Augen drein, als der Morgen durchs Wagenfenster hereindämmerte? Froh und gut, so hoffe ich. – Ich denke gern daran, daß Sie beide hier waren, und so vergessen Sie mich auch nicht ganz, und seien Sie recht herzlich gegrüßt von Ihrem Wilhelm Busch.*[104] Anna Lindau, das hübsche Madamchen, ließ sich

Lenbach, Lindau und Busch

Anna Lindau

daraufhin ihre zärtlichen Frauenaugen fotografieren und schickte das
Bild mit einem Brief an den neuen Bekannten ihres Mannes. Buschs
Antwort darauf enthält einen kaum verhüllten, etwas humorlosen
Verweis: *Liebe Frau Lindau! Ihr lustiger Brief wurde von Lenbach
und mir gelesen, und zwar mit freudigem Gemecker. Wir sahen auch
das «Auge» an –, und zwar mit väterlichem Wohlwollen (gelinde
gesagt). – Ich will nicht meines Freundes Hüther sein; was aber
mich betrifft, so wünsche und bete ich, daß besagtes Auge in Wirklichkeit bewahrt bleibe vor Thränen.*[105] Trotz wiederholter Auffor-
derungen konnte sich Busch nicht entschließen, das Ehepaar Lindau
in Berlin zu besuchen. Im Frühjahr 1880 schrieb die unkomplizierte,

warmherzige Frau einen Brief, in dem sie den Zögernden herzlich anspricht: «Lieber Freund! Warum kommen Sie eigentlich nicht her? Lenbach, Wilbrandt, Paul und ich, wir sehnen uns so danach, Sie hier zu haben. Ich hoffe, Sie kennen mich noch, – ich wenigstens, denke noch mit stiller Freude an die frohen Tage da wir uns kennen lernten und Sie uns so ‹furchtbar gut› gefielen. Kommen Sie her, das Leben ist so freudlos, man muß jeden Augenblick ausnützen, vielleicht gefallen Ihnen die Menschen hier auch einmal. Kommen Sie! Tausend Grüße von Paul. Anna Lindau.»[106] Hatte Busch Angst vor der Frau, der er so gut zu gefallen schien? Zu jener Zeit bestand allerdings noch die gute Beziehung zu Johanna Keßler, der Frau des Bankiers, die sich aber ihrer Stellung als Frau und Mutter immer bewußt blieb und vielleicht dadurch das an sich zweifelhafte Sonderverhältnis zu dem berühmten Schöpfer der Bildergeschichten ermöglichte. Doch ohne die Garantie einer eindeutigen Haltung der Frau gab es für den unbeholfenen Busch in seinem Verhältnis zu Frauen nur ein etwas plumpes Entweder-Oder, ein klar erkennbares Diesseits und Jenseits des platonischen Zaunes. Bei Anna Lindau schien Busch zu befürchten, daß ihre offenherzige, charmante Weiblichkeit ihn dazu verführen könnte, auf dem platonischen Zaun einen Balanceakt zu wagen, für den ihm die schwindelfreie Sicherheit fehlte. Auf der Rückseite der brieflichen Aufforderung zum Kommen hatte Adolf Wilbrandt ein paar lustig-frivole Verse geschrieben, die nicht geeignet waren, Buschs Zweifel an der Sache zu zerstreuen:

> Der Bismarck jagt dem Ruhme nach,
> Der Lenbach jagt dem Bismarck nach,
> Frau Lindau jagt dem Lenbach nach,
> Und Wilbrandt jagt Frau Lindau nach;
> O Wilhelm, jag dem Wilbrandt nach!

«Lieber Busch, kommen Sie doch!» fügte Paul Lindau hinzu, und Lenbach setzte die Abfahrts- und Ankunftszeiten des Zuges nach Berlin darunter. Busch antwortete Anna Lindau herzlich, aber ablehnend: *Ihren liebenswürdigen Brief erhielt ich grad, als ich in München schon einen Fuß im Steigbügel hatte, um das Dampfroß zu besteigen. – Tausend Grüße! (700 für Sie, 300 zu gleichen Theilen für unsere drei berühmten Freunde) von Ihrem Sie gründlich verehrenden Wilhelm Busch, der so bald nicht kommen kann.*[107]

Er kam nie. Der weltgewandte Paul Lindau scheint sich in bezug auf die Zuneigung, die seine Frau – wie er selbst – für Busch hegte, keine Sorgen gemacht zu haben. Er tröstete sich schließlich damit, daß Busch im Laufe der Jahre überhaupt gegen alle Außenseiter immer unnahbarer zu werden schien. Er wußte wohl nicht – oder wollte es nicht wissen –, daß Busch den anderen Freunden gegenüber, die entweder unverheiratet waren oder weniger anziehende, charmante Frauen hatten, zeitlebens eine treue Anhänglichkeit bewahrte.

Die Beständigkeit seines freundschaftlichen Verhältnisses zu anderen Mitgliedern des Münchener Kreises, vor allem zu Franz von Lenbach und Friedrich August von Kaulbach, ist schon aus der Dauer des Briefwechsels mit diesen Menschen ersichtlich. Die Briefe an die Freunde enthalten gelegentlich geistreiche, oft außerordentlich bildhafte Formulierungen seiner Lieblingsideen über die leidende und doch zum Leben drängende Natur und die Eitelkeit des Menschen – alles längst Gesagtes, aber in immer neuer Form. Denn den Landbewohner faszinierte die Dynamik im Wechsel der Jahreszeiten und des Wetters, das Verhalten der Tiere, das Wachstum der Pflanzen. Immer wieder fesselte den Beobachter das dramatische Schauspiel der ganzen Natur, in welchem der Lebenswille die böse Hauptrolle spielte. Was er mit seinen Freunden gemeinsam erlebt hatte, schien mit der Zeit zu verblassen. Bei zunehmendem Alter sahen sie sich nur noch selten, und auch im rein Gedanklichen kam eigentlich nichts Neues hinzu. Was blieb, waren Versicherungen der Anhänglichkeit und Treue, manchmal auch ein gelinder Vorwurf wegen der angeblichen Schreibfaulheit der andern. Die Empfänger solcher Briefe schüttelten vielleicht insgeheim die Köpfe über den alten Freund, der im norddeutschen Flachland, umgeben von Feldern und Viehweiden, den großen, meist bewölkten Himmel über sich, hoffnungslos zu «versimpeln» schien. Doch das laute Treiben der großen Städte war Busch zu aufreibend geworden. Nach einem der letzten Besuche in München schrieb er an Lenbach: *Die Ausstellung hat mir wohl weniger genützt und nützen können. So viel bei so viel Lärm, und wär's auch noch so schön, macht mich unruhig und verlegen, und ich fühle dann so recht deutlich, wie weit ich mich aus dem Geknuff der Welt in's «Land der Fabel» zurückgezogen habe. Zu weit vielleicht. Ich will versuchen, ob nicht eine Mittelstation für mich zu finden ist; denn ganz wird der Schuhu sein Gemäuer wohl nicht verlassen.*[108] Busch hatte schon als junger Mensch von seinem Onkel Georg Kleine gelernt, die Dinge intensiv zu betrachten; er brauchte wenig «Anregung»; eines einzigen Bildes wegen reiste er einmal nach Düsseldorf – das genügte ihm für lange Zeit.

Einer der Menschen, denen sich Busch zeitlebens verbunden fühlte, war Hermann Levi, der prominente Dirigent Richard Wagners. Die Briefe an ihn sind zwar nicht so zahlreich wie an Lenbach oder Kaulbach, dafür sind sie aber für den biographisch interessierten Leser viel interessanter. Manche der Briefe an den Bayreuther Musiker sind

Franz von Lenbach. Fotografie

von Anfang bis Ende ein prägnanter Diskurs über Fragen der Religion und Philosophie. Levi war, wie Paul Lindau, Jude und litt unter dem Konflikt, der sich zwangsläufig aus dem Gegensatz seiner Herkunft und Religion zu dem germanisch-christlichen Bayreuther Konglomerat ergeben mußte. Wie unerträglich diese Situation für Levi war, geht aus Briefen hervor, die Cosima Wagner an ihren Schwiegersohn, den «arisch» gesinnten Antisemiten Houston Stewart Chamberlain, schrieb. Sie erzählt darin von den inneren Konflikten des jüdischen Dirigenten, von dem fluchbeladenen Juden,

85

Friedrich August von Kaulbach. Selbstbildnis

dem Glauben und Andacht fehlten und der ihr gestanden habe, wie
sehr er unter seinem Judentum leide. Sein Leiden sei aber nicht tief
genug, um eine innere Wandlung hervorzubringen, sein dämonischer
Instinkt treibe ihn dazu, den Germanen zurückzudrängen und den
Juden zu fördern. Auch sei es typisch für ihn und seine Glaubens-
genossen, daß er kein Verständnis für Schiller habe, sondern Goethe
(den Freimaurer und Kosmopoliten!) vorziehe.[109] Levi war ein begeisterter Förderer des musikalischen Werkes Richard Wagners und
versuchte auch Wilhelm Busch dafür zu gewinnen. Der kühle nord-
deutsche Spötter wußte aber nicht viel mit aufwendigen Gesamt-

kunstwerken und *musikalischen Offenbarungen* anzufangen: *Im Theater sah und hörte ich unter anderem die «Walküre», war entzückt von dem, was ich hörte, und gelangweilt von dem, was ich sah. Ginge einer hin, der taub wäre, dem müßt es vorkommen, wie eine peinlich in die Länge gezogene Parodie der nordischen Göttersage.*[110]

Doch Hermann Levi, der sich berufen fühlte, die christlich-germanischen Offenbarungen seines Meisters zu verkünden, konnte das Mißtrauen seiner Umgebung gegen den Juden nicht zerstreuen. Den kritischen Beurteilern seiner Person, die zu wissen meinten, daß Glaube und Andacht nur bei christianisierten Germanen zu finden sei, sollte der Jude eine Innerlichkeit vorexerzieren, die man ihm doch nicht glaubte. Man selbst brauchte diesen Beweis glücklicherweise nicht zu liefern.

Wilhelm Buschs Verhältnis zu Hermann Levi war sehr herzlich. In den brieflichen Anreden nennt er ihn zwar meistens nur *Lieber Levi*, doch manchmal auch *Lieber Freund, Liebster Freund* oder gar *Mein lieber Spektakelmacher!*. Nach dem Debakel mit dem taktlosen Biographen Eduard Daelen dankte Busch dem Musiker für seine, wie er meinte, viel zu günstige Beurteilung seiner Person, die er Daelen gegeben hatte: *Jedenfalls freu ich mich und bin dir dankbar, wenn du mir so gut bist, wie ich dir ... Leb wohl, liebster Freund, und sei recht herzlich gegrüßt von deinem getreuen Wilh. Busch.*[111]

Wilhelm Busch gilt bei vielen als Antisemit, und manche bezichtigen ihn der antisemitischen Seelenvergiftung des deutschen Volkes. Diese Ansicht stützt sich auf gewisse Stellen in seinem Werk. In der *Frommen Helene* heißt es:

> *Und der Jud mit krummer Ferse,*
> *Krummer Nas' und krummer Hos'*
> *Schlängelt sich zur hohen Börse*
> *Tiefverderbt und seelenlos.*[112]

In *Plisch und Plum* begegnet uns die Darstellung eines Juden, die boshaft genug erscheint, um in antisemitischen Hetzblättern erscheinen zu können:

> *Kurz die Hose, lang der Rock,*
> *Krumm die Nase und der Stock,*
> *Augen schwarz und Seele grau,*
> *Hut nach hinten, Miene schlau –*
> *So ist Schmulchen Schiefelbeiner.*
> *(Schöner ist doch unsereiner!)*[113]

In der Prosaerzählung *Eduards Traum* beschreibt Busch einen Juden mit *Sandalenfüßen* und *getreulich überlieferter Nase: Nüchtern geht er zu Bett, wenn die andern noch saufen; alert steht er auf, wenn die andern noch dösig sind. Schlau ist er, wie nur was, und wo's was zu verdienen gibt, da läßt er nicht aus, bis «die Seel' im Kasten springt».*[114]

Nichts ist leichter, als nach einer Katastrophe auf Dinge hinzuweisen, die zu ihrer Entstehung beigetragen haben. Man darf bei der Beurteilung der zitierten Stellen nicht vergessen, daß sie zu einer Zeit verfaßt wurden, als der Name Auschwitz noch nicht zum Begriff geworden war. Gewiß haben auch Buschs bizarre Darstellungen des Juden dazu beigetragen, daß es einige Jahrzehnte später zu einem Auschwitz kommen konnte. Busch hätte wissen dürfen, daß der durchschnittliche Leser seiner Werke in den wenigsten Fällen intelligent genug war, zu merken, daß er auch hier, wie überall in seinem Werk, die übertreibende Ironie in den Dienst seiner Satire stellte, einer Satire, die sich gegen die gerissene Geschäftswelt überhaupt richtete, indem sie unter anderem den Juden als vermeintlichen Geschäftsmann par excellence hervorhob. Diese Geschäftswelt war Busch, der den rücksichtslosen Egoismus haßte, in tiefster Seele zuwider. Im Geschäftsgeist sah er die Triebfeder des Bürgertums, und im Antisemitismus erkannte er die Eifersucht nicht-jüdischer Geschäftsleute auf jüdische Konkurrenten, welche den bürgerlichen Kapitalistengeist, der alle beseelte, besser zu nutzen wußten. *Daß man sich durch dergleichen bürgerliche Tugenden nicht viel beliebter macht als Ratten und Mäuse, ist allerdings selbstverständlich,* heißt es bezeichnenderweise nach der zitierten Stelle in *Eduards Traum.* Buschs negative Einschätzung der Geschäftswelt wird in der Einleitung zu den *Haarbeuteln* noch deutlicher. Die Bewohner der gewinnsüchtigen Gesellschaftssphäre sind

> *Vornehmlich Juden, Weiber, Christen,*
> *Die dich ganz schrecklich überlisten.*[115]

Danach ist das Überlisten ein Talent, das die Juden mit den Weibern – der Hälfte der Menschheit! – und den Christen – der konfessionellen Mehrheit! – teilen. Ein anderes Beispiel, daß Busch den Nichtjuden keineswegs als eine edlere Sorte Mensch ansah, ist wiederum in *Eduards Traum* zu finden. *Eduard* besucht das Haus eines antisemitischen Bauunternehmers. Was er darin findet, ist immerhin bemerkenswert: Ein nicht-jüdisches Fräulein macht Anstalten, ihren Bräutigam mit Salpetersäure zu vergiften, ein nicht-jüdischer Haustyrann schmeißt das Sauerkraut an die Wand, ein nicht-jüdisches altes Ehepaar sitzt sich haßerfüllt gegenüber, ein nicht-jüdisches Kindermädchen entzieht dem schreienden Säugling die Nahrung, und ein nicht-jüdischer Geschäftsmann hat gerade die helldunkle Buchführung erfunden.[116] So liegen die Dinge im allegorischen Gebäude der antisemitischen, christlichen Gesellschaft. Busch hatte Max Stirners Verherrlichung des unbeschränkten Egoismus «Der Einzige und sein Eigentum» gelesen und akzeptierte dessen Motto «Mir geht nichts über Mich» mit Gelassenheit als bare, wenn auch bedauerliche Selbstverständlichkeit, die auf alle Menschen zutrifft.

Man sieht, wie problematisch es ist, Busch ohne weiteres auf Grund einiger Zitate zum Antisemiten zu stempeln. Trotzdem wäre es falsch, ihn von jeglicher Neigung zum Antisemitismus freizusprechen. Zwar war er der Meinung, daß alle Menschen, Juden und Christen, vornehmlich damit beschäftigt seien, die eigene Existenzgrundlage auf Kosten anderer zu erweitern, denn – wie schon erwähnt –

> *Man ist ja von Natur kein Engel,*
> *Vielmehr ein Welt- und Menschenkind,*
> *Und ringsherum ist ein Gedrängel*
> *Von solchen, die dasselbe sind . . .*[117]

doch schrieb er dem Juden die Fähigkeit zu, in diesem Kampf aller gegen alle besser abzuschneiden, weil er sich zielbewußter einsetzte. *Ich möchte keinen Juden zum Konkurrenten haben,* heißt es in einem Brief.[118] Mit seiner Ansicht über sogenannte jüdische Eigenschaften schloß er sich der vorherrschenden Volksmeinung an, die ja auch heute fast überall in der christlichen Welt zu finden ist; ihr kann man, wie Max Frisch im «Andorranischen Juden» vortrefflich zeigte, aus jedem beliebigen Menschen einen «Juden» machen, wenn man den dunklen Drang dazu verspürt.

Wie die meisten seiner Zeitgenossen empfand auch Wilhelm Busch den Juden als einen Fremdkörper. Diese Tatsache geht aus einem Brief an eine Nichte hervor: *Die Bauermeisterwahl war das Ereignis des Tages. Wedekindten, als des Schreibens unkundig, hatte der Landrath vor 3 Wochen abgelehnt. Jetzt hatten sie Ebbeke, den Wiedertäufer, gewählt, und, falls dieser auch nicht genehm wäre, so wollten sie Sternberg, den Juden, wählen. Es fehlt nur, daß sie sich schließlich noch einem Türken verschreiben. Wie beschämend so was für ein ganzes Nest voll Lutheraner, scheinen diese Pisänger* (von franz. paysan) *gar nicht zu bemerken.*[119] Fast will es scheinen, als ob die spöttisch erwähnten *Pisänger* toleranter waren als der berühmte Dorfbewohner, der unter ihnen lebte. Doch waren die Bauern realistisch genug, zu bedenken, daß sie unter ihresgleichen niemand hatten, der den Anforderungen des Landrats genügen konnte. Buschs Abneigung gegen die mögliche Wahl des Juden beruhte wohl auch auf dem Wunsch, das typische Gepräge seines niederdeutschen Dorfes zu bewahren. Seine lange volkskundliche Beschäftigung mit lokalen Sagen und Märchen, mit dem ganzen Komplex von Sitte und Brauch und mit sprachlichen Eigenheiten seines Landfleckens ließ ihm die Möglichkeit der Wahl eines so ortsfremden Bauermeisters als Störung des geliebten Lokalkolorits erscheinen. Antisemitismus im eigentlichen Sinne ist das nicht – oder noch nicht. Zwar hatte auch Busch die damals populären «Grundlagen des 19. Jahrhunderts» von Houston Stewart Chamberlain gelesen, doch gibt es, wie gezeigt wurde, genug Beispiele, die andeuten, wie wenig Busch von Chamberlains Verherrlichung des «Ariers» hielt. Seine Einstellung zum Judentum war von einer ähnlichen unklaren Ambivalenz wie diejenige Richard Wagners, dieses seltsame – obgleich nicht seltene – Nebeneinander eines mehr oder weniger latenten Antisemitismus, der zwar einerseits die Juden nicht schätzte, der aber andererseits enge persönliche Beziehungen zu einzelnen Juden nicht ausschloß. Obwohl Richard Wagners Antisemitismus durch den gleichzeitigen «teutonisch»-christlichen Dünkel recht unangenehm war, ließ er es sich doch gern gefallen, daß sich der Jude Hermann Levi als begeisterter Apostel für seine Musik einsetzte. Wilhelm Busch, dem man wohl manche menschliche Schwäche, bestimmt aber keinen Dünkel nachsagen kann, akzeptierte nicht nur die Freundschaft, die ihm Richard Wagners Dirigent entgegenbrachte, er erwiderte sie auch auf eine Weise, die erkennen läßt, daß er sich zwar als anders, aber nicht als besser empfand. Anläßlich einer freundschaftlichen Zusammenkunft in Wolfenbüttel ließen sich Busch und Levi zusammen unter

«Christ und Jud unter einem Dach»

einem Regenschirm eingehakt fotografieren. Busch versah das Bild
mit einer gereimten Unterschrift, die für seine Einstellung zum Judentum charakteristisch ist:

> *Christ und Jud unter einem Dach*
> *– – Sie sind aber auch danach.*[120]

In der Silvesternacht 1882/83 schrieb Levi an Busch einen rühren-
den Brief, den Busch – ganz gegen seine Gewohnheit – nicht vernichtete:

Lorenz Gedon.
Kohlezeichnung von F. A. v. Kaulbach

Lieber Freund.

In diesem Augenblick läuten die Glocken das neue Jahr ein. Ich sende Dir einen innigen Gruß! Wie oft in diesem vergangenen Jahre habe ich sehnsüchtig Deiner gedacht, aber zu einem Briefe konnte ich mich nicht aufraffen, nicht sowohl aus Mangel an Zeit oder aus Faulheit, als weil ich eine Art von – Schüchternheit – Dir gegenüber nie ganz zu überwinden vermag. Ich wollte, ich könnte Dir wieder einmal Einiges vorspielen. Soll es denn nie mehr vorkommen? Wie man es so lange ohne Musik aushalten kann, begreife ich nicht. Lasse wieder einmal Dein Antlitz leuchten! Sei von Herzen gegrüßt! Möge ein gütiges Geschick im kommenden Jahr und in allen folgenden jeden Schmerz Dir fernhalten, jede Freude Dir zuwenden!
                                    Dein getreuer Levi.[121]

Wilhelm Buschs Antwortschreiben auf diesen innigen Brief zeigt, wie sehr er sich bemühte, dem gefühlsbetonten Musiker – dem seine Umgebung nur den «typisch jüdischen» Intellekt zugestehen wollte – mit Versicherungen seiner Freundschaft entgegenzukommen. Doch die intellektbetonte, vielleicht etwas gefühlsarme Reserviertheit seines Charakters erlaubte ihm nicht, auf das Wesentliche dieses Levi-Briefes, auf die zarte Andeutung der Schüchternheit, einzugehen:

Lieber Levi!
Hätte ich die Silvesterglocken nicht wieder in Wolfenbüttel läuten hören, so würde ich Deine guten, herzlichen Worte schon einige Tage früher erwidert haben. Möge Dir das werdende Jahr so viel Kränze abwerfen, wie das vergangene, oder, falls das nicht genug ist, noch mehr; wär ich's, ich machte Dich zum Großmogul im Reich aller musikalischen Ergötzlichkeiten. Mich hat das vorübergeschrittene beim Antritt merklich geschüttelt; und recht hat's gehabt; diese Philosophie, welche, sich aufblähend, den ganzen Sack zu füllen ge-

dachte, ist nun auf ein billiges Maß zusammengerüttelt. — — Du wit-
terst, was darob zu sagen wäre ...

Der blitzende Schnee bedeckt unsere Hütte, ein kräftiger Ostwind
flötet hinter den Fensterläden; doch drinnen, hinter dem grünen Ka-
chelofen, nicht ungemüthlich, umschleiert von den bläulich schwe-
benden Gebilden des Dampfes, sitzt Einer, so Dein gedenkt in alter
Liebe und Dir, mit Allem was drum und dran, sehr zahlreiche Grüße
sendet, nämlich

Dein getreuer Freund Wilh. Busch.[122]

Unkompliziert und herzlich war Buschs Freundschaft mit dem Architekten Lorenz Gedon, einem echten Münchener, den er, wie die meisten seiner Freunde, im Künstlerverein Allotria kennengelernt hatte.
Gedons Freundschaft mit dem Niedersachsen drückte sich nicht in
einem Briefwechsel aus, sondern in hilfreichen Taten. Er kümmerte
sich um Buschs Atelier in München und sorgte dafür, daß es dem
Freund auch gefalle. Im Frühjahr 1883 besuchte er ihn in Wiedensahl – er war einer der wenigen, die sich eine solche Kühnheit er-
lauben durften – und nahm den von einer Krankheit genesenden
Busch auf eine Reise mit, die sie nach Detmold, Münster und Hamm
führte. An Kaulbach schrieb Busch dankbar: *Der wunderliche Kerl*
ist mir womöglich noch lieber geworden, als bisher.[123] Busch sah
diesen Freund nicht wieder. Der scheinbar so kerngesunde Architekt
starb noch im gleichen Jahr nach einer erfolglosen Krebsoperation.

Immer, wenn in den frühen Bildergeschichten eine bürgerliche Figur auftauchte, wurde sie ein Opfer handlungsstarker Plagegeister. Die Buben *Max* und *Moritz,* der Rabe *Huckebein,* teilweise auch *Helene* waren als Inkarnationen des ungestümen Lebenswillens das eigentliche Thema dieser Geschichten. Nur noch einmal, im Jahre 1879, verhalf Busch der drängenden Daseinslust seiner Kreaturen zur späten Wiedergeburt, indem er *Fipps dem Affen* gestattete, der menschlichen Gesellschaft gründlich zur Last zu fallen. Schon zwei Jahre vorher hatte Busch den letzten Teil der sogenannten Knopp-Trilogie herausgebracht (Knopp-Trilogie: *Abenteuer eines Junggesellen* [1875], *Herr und Frau Knopp* [1876], *Julchen* [1877]). Die drei Bildergeschichten dieser Trilogie sind ganz anders geartet als alles, was vorher von Wilhelm Busch erschienen war. Zum erstenmal wird der Bürger selbst zur handelnden Hauptperson. Der Lebenslauf eines verspießerten Mitglieds des Mittelstandes wird kritisch unter die Lupe genommen, unter eine Lupe allerdings, die so geschliffen ist, daß der rundliche *Tobias Knopp* noch harmloser, noch komischer und noch rundlicher erscheint, als er es ohnehin ist. Buschs Satire hat in diesem Werk einen ganz anderen Akzent bekommen. Das höhnische Lachen des Polemikers ist verstummt, und das belustigte Lächeln des Humoristen wird sichtbar. Sechs Jahre später richtete Busch seine Aufmerksamkeit wiederum auf einen Bürger, der aber, im Gegensatz zu seinem Vorläufer, mittels der Dichtkunst aus seinem beengenden Milieu ausbrechen will, *Balduin Bählamm, der verhinderte Dichter.* Ein Jahr darauf erschien die letzte Bildergeschichte Buschs, der *Maler Klecksel,* ein Gegenstück zu *Balduin Bählamm* insofern, als sich der klecksende Stümper als ein verhinderter Bürger entpuppt.

In den *Abenteuern eines Junggesellen* führt Busch dem Leser einen Mann vor, *Tobias Knopp,* der in guten finanziellen Verhältnissen lebt und doch unzufrieden ist. Das genügsame Eheglück seiner Kanarienvögel führt ihm seine Junggeselleneinsamkeit eindringlich vor Augen. Vor dem Spiegel bemerkt er voller Schrecken, daß die Jahre nicht spurlos an ihm vorübergegangen sind; er hat eine Glatze. Mit euphemistischer Gewähltheit des Ausdrucks wird *Knopps* Dickleibigkeit beschrieben:

> *Auch bemerkt er außerdem,*
> *Was ihm garnicht recht bequem,*
> *Daß er um des Leibes Mitten*
> *Längst die Wölbung überschritten,*

> *Welche für den Speiseschlauch,*
> *Bei natürlichem Gebrauch,*
> *Wie zum Trinken, so zum Essen,*
> *Festgesetzt und abgemessen.*[124]

Eine Kur in Karlsbad bleibt ohne nachhaltigen Erfolg. *Knopps* körperliche Unförmigkeit und Haarlosigkeit bleiben bestehen als unwiderrufliche Anzeichen des Alterns. Er empfindet nun – wohl zum erstenmal – die ganze Tragik seiner gut situierten Bürgerexistenz, die weder für ihn selbst noch für andere Menschen von Bedeutung ist. Den eßfreudigen Spießer ergreift die Angst vor der Auslöschung seiner Persönlichkeit durch den unvermeidlichen Tod. Indem Busch die Lebens- bzw. Todesangst seines Geschöpfes durch die Ironie der Darstellungsweise lächerlich und dadurch erträglicher machte, zeigte er, daß er diese seelischen Beklemmungen sehr wohl kannte und sie auf seine Weise zu überwinden suchte:

> *Ach, so denkt er, diese Welt*
> *Hat doch viel, was nicht gefällt.*
> *Rosen, Tanten, Basen, Nelken*
> *Sind genötigt zu verwelken;*
> *Ach – und endlich auch durch mich*
> *Macht man einen dicken Strich.*
> *Auch von mir wird man es lesen:*
> *Knopp war da und ist gewesen.*
> *Ach, und keine Träne fließt*
> *Aus dem Auge, was es liest;*
> *Keiner wird, wenn ich begraben;*
> *Unbequemlichkeiten haben;*
> *Keine Seele wird geniert,*
> *Weil man keinen Kummer spürt.*
> *Dahingegen spricht man dann:*
> *Was geht dieser Knopp uns an?*[125]

Mit salopper Unbekümmertheit überspielt Busch die Erfahrung der Verlorenheit des Individuums, dessen Welt durch die Leere des eigenen Lebens sinnlos geworden ist. *Knopp* ist aber nicht der Mann, den das Gewahrwerden seiner Vergänglichkeit dazu anspornen könnte, sein Dasein wesentlich zu gestalten. Der rundliche Esser ist weit davon entfernt, den vielzitierten expressionistischen Schrei des Entsetzens auszustoßen, der wenige Jahrzehnte später teils echt, teils theatralisch den deutschen literarischen Himmel akustisch erfüllte. Der expressionistische «neue Mensch» wurde hier noch nicht gebo-

Der Ehe-Antrag.
Aus «Herr und Frau Knopp», 1876

ren. Busch behandelt die Verzweiflung seines Helden bewußt anti-pathetisch, ganz abgesehen davon, daß man mit einem Menschen, der Knopp heißt, keine Tragik verbinden kann. *Tobias Knopp* ist der Prototyp des wohlhabenden Spießers, der sich während seiner Erdentage so manche Verzierung seines primitiven Daseins leisten konnte. So war es auch der Ungeist der knopp-artigen Menschen der Gründerjahre, der die stereotypen Häuserfronten so mancher deut-schen Hohenzollernstraße mit dem wildesten Backwerk architektoni-schen Bombasts überzuckerte. Hinter der anspruchsvollen Dekora-tion verbarg sich die unschöpferische Sterilität der halb aufgeklär-ten, halb sentimentalen Bürgerwelt.

Es ist *Knopp* zwar schrecklich genug, überhaupt einmal sterben zu müssen, doch was ihm wirklich eine riesengroße Träne abzwingt, ist der Gedanke an sein *unverziertes Grab*. Die Weltliteratur ist aller-dings voller Beispiele dafür, daß der Anblick des eigenen Grabes, die

Bewußtwerdung der eigenen Sterblichkeit, den jeweiligen Helden zu durchgreifenden Entschlüssen führen kann. Im Anti-Helden *Knopp* läßt die Konfrontation mit der Todesgewißheit einen weit weniger gewichtigen Entschluß reifen; er beschließt, seiner Person durch Heirat die trauernden Hinterbliebenen zu sichern, deren Tränen ihm nach dem Tod einen gewissen Fortbestand gewährleisten sollen:

> *Dieses ist ja fürchterlich.*
> *Also Knopp, vermähle dich.*[126]

Damit flüchtet er sich in die bekannte Ersatzreligion des nicht mehr religiösen Bürgertums, das sich von einem zweifelhaften «in den Kindern fortleben» eine indirekte Dauerhaftigkeit der Persönlichkeit erhofft.

Um einen geeigneten Ehepartner zu finden, zieht *Knopp* in die Welt hinaus und besucht seine alten Freunde, die er aber in wenig beneidenswerten ehelichen Verhältnissen antrifft. Er sieht diese Ehen mit den Augen Wilhelm Buschs, den solche abschreckenden Beispiele des unharmonischen Zusammenlebens in seinem Junggesellentum bestärkten. Zuletzt steht *Knopp* dem Eremiten *Krökel* gegenüber, dem die Welt *zum Ekel* ist und dessen zweifelhafte Freuden einer pervertierten Enthaltsamkeit ihn anwidern. Doch im Gegensatz zu seinem standhafteren Schöpfer beschließt *Knopp*, in den rettenden Hafen der Ehe trotz aller warnenden Beispiele einzufahren. Nach Hause zurückgekehrt, tut er das Nächstliegende – er heiratet seine Haushälterin. Sein Eheantrag ist wohl der kürzeste, den die deutsche Literatur aufzuweisen hat:

> *«Mädchen», – spricht er – «sag mir ob –»*
> *Und sie lächelt: «Ja, Herr Knopp!»*[127]

Als typischer Bürger hat *Herr Knopp* das Bedürfnis, das hohe Fest einer wichtigen Lebensstation «gefühlvoll» auszukosten:

> *Erst nur flüchtig und zivil,*
> *Dann mit Andacht und Gefühl.*[128]

Im Titelbild zu *Herr und Frau Knopp* bringt Busch seine negative Einschätzung der meisten Ehen sarkastisch zum Ausdruck. *Knopp* dient als Zugtier im Joch des Familienkarrens. Die Frau sitzt obenauf und schwingt die Peitsche. Mit den Scheuklappen weiblicher Verbote ausgerüstet, trottet der Ehegaul seine vorgeschriebene Bahn entlang. *Knopp* fühlt sich jedoch recht wohl, denn er hat für seine Freiheit ein gewisses Maß an Gemütlichkeit eingehandelt:

Titelzeichnung zu «Herr und Frau Knopp»

> *O wie behaglich kann er nun*
> *An Doris' treuem Busen ruhn.*
> *Gern hat er hierbei auf der Glatze*
> *Ein loses, leises Kribbelkratze.*
> *So schläft er mit den Worten ein:*
> *«Wie schön ist's, Herr Gemahl zu sein!»*[129]

Von jetzt an duselt *Knopp* von einer Mahlzeit zur andern seinem Ende entgegen. Nachdem auch seine Tochter *Julchen* unter die Haube gebracht worden ist, wird sein Leben wiederum völlig bedeutungslos:

> *Knopp der hat hienieden nun*
> *Eigentlich nichts mehr zu tun. –*
> *Er hat seinen Zweck erfüllt. –*
> *Runzlich wird sein Lebensbild. –*[130]

Die letzte Zeichnung zeigt ihn als unkenntliche Runzelfigur, der die *Parze* den Lebensfaden abschneidet.

Buschs Scharfblick, gepaart mit seiner pessimistischen Anlage, ließ ihn von Menschen – am wenigsten von Frauen – nicht viel Gutes erwarten. Diese Eigenheit hielt ihn davon zurück, ein Wagnis einzugehen, zu dessen Gelingen eine gewisse jugendliche Elastizität unerläßlich ist. Mit zunehmendem Alter hatte er sich an eine einsiedlerische

Lebensweise gewöhnt, die durch die Rücksichtnahme der anderen Familienmitglieder reibungslos verlaufen konnte. Sein Bedürfnis nach ungestörter Ruhe für seine Arbeit und nach pünktlicher Regelmäßigkeit des Tageslaufs hätte einer Ehegattin, die mehr als eine Haushälterin sein wollte, vielleicht zuviel zugemutet.

Wer Wilhelm Buschs Entwicklung aus seinen Bildergeschichten ablesen will, braucht nur *Max und Moritz* mit *Balduin Bählamm* und *Maler Klecksel* zu vergleichen. Der Kontrast zwischen den frühen und den späten Werken ist verblüffend. Man vergleiche die zeichnerische Virtuosität des sparsamen und doch so treffsicheren Strichs in *Balduin Bählamm* oder im *Maler Klecksel* mit den immer noch ziemlich groben Bildern in *Max und Moritz*. Und wer sich das Vergnügen gönnt, die Verse der späten Geschichten laut zu lesen, wird nicht nur überrascht sein, wie leicht sie über die Lippen gehen, sondern auch, wie unerschöpflich der gedankliche Einfallsreichtum des Dichters Busch in übermütiger Verschwendung aus jeder Zeile sprudelt. Vor allem die Vorreden zu *Balduin Bählamm* und *Maler Klecksel* sind Kunstwerke, die ihresgleichen suchen. Sie sind abgerundete Bravourstücke der humorvollen, ironischen Verskunst, die auch ohne die darauf folgenden Bildergeschichten ihrer Wirkung gewiß sind. Für die Handlung dieser Geschichten geben die Vorreden den iro-

«Runzlich wird sein Lebensbild».
Aus «Herr und Frau Knopp»

Aus «Balduin Bählamm, der verhinderte Dichter», 1883

nischen Auftakt. Was darauf folgt, kann nicht mehr «ernst» genommen werden.

Bei *Balduin Bählamm* führt die Vorrede den Leser in immer enger
werdenden Kreisen von allgemeinen Betrachtungen zum Besonderen,
das heißt zum Schicksal des verhinderten Dichters:

> *Wie wohl ist dem, der dann und wann*
> *Sich etwas Schönes dichten kann.*[131]

Mit dem Wort *sich* gibt Busch diesem sentenziösen Satz den Charakter des ironischen Spotts und macht den *verhinderten Dichter* lächerlich, schon ehe er auftritt. Bei *Bählamm* handelt es sich ja um einen Poeten, der die Dichtkunst dazu benützt, der prosaischen Alltagswelt zu entfliehen, um sich in höheren Regionen eine poetische Ersatzwelt zusammenzureimen.

> *... Kaum mißfällt*
> *Ihm diese altgebackne Welt,*
> *So knetet er aus weicher Kleie*
> *Für sich privatim eine neue*
> *Und zieht als freier Musensohn*
> *In die Poetendimension ...*[132]

Busch verspottete damit den Münchener Dichterkreis — auch als «Gesellschaft der Krokodile» bekannt —, eine Gruppe traditionsgebundener, idealisierender Epigonen, die sich um ihre Hauptvertreter Emanuel Geibel und Paul von Heyse scharte. (Auch der mit Wilhelm Busch bekannte Adolf Wilbrandt gehörte dazu.) Indem diese Ästhetiker einem blutlosen Schönheitsideal nachstrebten, lieferten sie dem geschäftstüchtigen Bürger der Gründerjahre eine sentimentale, über den Alltag stolz-erhabene Dichtung für Sonn- und Feiertage. Auch das Bedürfnis dieser Schönheits-Dichter, sich durch absonderliche Kleidung als «Poeten» kenntlich zu machen, wird in *Balduin Bählamm* verspottet:

> *Zu Hause hängt er Hut und Rock*
> *An den gewohnten Kleiderstock*
> *Und schmückt in seinem Kabinett*
> *Mit Joppe sich und Samtbarett,*
> *Die, wie die Dichtung Vers und Reim,*
> *Den Dichter zieren, der daheim.*[133]

In der Vorrede erhöht Busch die Wirkung seiner Satire durch eine Glanzleistung der metaphorischen Vergleichskomik. *Wohlgenährte Musen*, aus deren Busen die ersehnte Flüssigkeit in des Dichters *saubre Molkerei* fließt, verwandeln sich unversehens in echte Milchkühe, der Dichter wird zur *braven Bauernmutter*, die der *geschmeidigen Fülle* im Butterfaß energisch zuleibe geht:

> *Es kullert, bullert, quitscht und quatscht,*
> *Wird auf und nieder durchgematscht,*
> *Bis das geplagte Element*
> *Vor Angst in Dick und Dünn sich trennt.*

In diesem wonnevollen Augenblick hebt die Bäuerin *das Dicke aus der Tonne* und knetet daraus die *wohlgeratene Butterwälze*:

> *So auch der Dichter. – Stillbeglückt*
> *Hat er sich was zurechtgedrückt*
> *Und fühlt sich nun in jeder Richtung*
> *Befriedigt durch die eigne Dichtung.*
> *Doch guter Menschen Hauptbestreben*
> *Ist, andern auch was abzugeben.*
> *Der Dichter, dem sein Fabrikat*
> *So viel Genuß bereitet hat,*
> *Er sehnt sich sehr, er kann nicht ruhn,*
> *Auch andern damit wohlzutun . . .*[134]

Zur Satire auf den Bürger-Dichter, der sich ein Fabrikat zurechtdrückt, gesellt sich in diesen Zeilen der bei Busch immer wiederkehrende Spott auf den «guten Menschen», den es in Buschs Sicht nicht gab und der seiner Selbstgefälligkeit durch «Wohltun» und «Abgeben» zu schmeicheln sucht. Die Ironie auf das bürgerliche Bedürfnis des Wohltuns spricht unmißverständlich aus dem Kontrast zwischen *Hauptbestreben* und *abgeben*. Ein Hauptbestreben ist immerhin etwas, was einem Menschen das Allerwichtigste ist; das magere Wort «abgeben» steht in gar keinem Verhältnis dazu. Wenn jemand einem andern nur etwas abgibt, dann behält er den Löwenanteil für sich selbst zurück. Dies wird deutlich, wenn man dem bloßen Abgeben das Teilen gegenüberstellt. Teilen heißt gerechte Aufteilung, während Abgeben mehr wie Almosen klingt. Ein wirklich guter Mensch teilt, ein nur «guter», das heißt einer, der sich selbst so vorkommt, gibt ab. So ist auch der Dichter, den Busch in der Vorrede zu *Balduin Bählamm* ironisch beschreibt, von seiner persönlichen Vortrefflichkeit so überzeugt, daß er nicht ruhen kann, bis er seiner Selbstgefälligkeit im Lob der Umwelt einen Spiegel errichtet hat:

> *Und muß er sich auch recht bemühn,*
> *Er sucht sich wen und findet ihn;*
> *Und sträubt sich der vor solchen Freuden,*
> *Er kann sein Glück mal nicht vermeiden.*

In einer lauschigen Ecke muß sich das Opfer den poetischen Erguß anhören:

> *Und rauschend öffnen sich die Spalten*
> *Des Manuskripts, die viel enthalten.*

> *Die Lippe sprüht, das Auge leuchtet,*
> *Des Lauschers Bart wird angefeuchtet,*
> *Denn nah und warm, wie sanftes Flöten,*
> *Ertönt die Stimme des Poeten. –*
> *Vortrefflich! ruft des Dichters Freund;*
> *Dasselbe, was der Dichter meint;*
> *Und was er sicher weiß, zu glauben,*
> *Darf sich doch jeder wohl erlauben.*[135]

So läuft das Hauptbestreben eines derart guten Menschen darauf hinaus, gerade soviel von seinem vermeintlichen inneren Reichtum abzugeben, als erforderlich ist, um die erwünschte Bewunderung der staunenden Mitmenschen zu erlangen.

Nachdem Busch in der Vorrede zu *Balduin Bählamm* die zweifelhaften Vorteile einer auf falschen, auf bürgerlichen Voraussetzungen beruhenden Feierabendpoesie lächerlich gemacht hat, ist der Leser hinlänglich darauf vorbereitet, in der folgenden Bildergeschichte einen wirklich komischen Bewohner der Poetendimension kennenzulernen. Immerhin ist die Ironie, mit der Busch seinen verirrten Bürger-Dichter behandelt, von humorvoller Toleranz geprägt – weit entfernt von der zynischen Polemik, mit welcher einige Jahrzehnte später in Brechts «Dreigroschenoper» das «höhere Streben» des Bürgertums pauschal als «schöner Zug» verhöhnt wurde. Der Büroangestellte *Bählamm* ist als Mensch auch gar zu harmlos und als Dichter zu ahnungslos, um als Zielscheibe für sarkastische Salven in Frage zu kommen. Der einleitende Prolog endet mit harmlosen Worten:

> *Oh, wie beglückt ist doch der Mann,*
> *Wenn er Gedichte machen kann.*[136]

Gleich zu Beginn der Handlung wird die Verbindung zum Prolog hergestellt:

> *Ein guter Mensch, der Bählamm hieß*
> *Und Schreiber war, durchschaute dies.*
> *Nicht, daß es ihm an Nahrung fehlt.*
> *Er hat ein Amt, er ist vermählt.*
> *Und nicht nur dieses ist und hat er;*
> *Er ist bereits auch viermal Vater.*[137]

Der Reim der letzten beiden Zeilen fällt auseinander. Busch liebte es, die Komik einer Aussage durch gewagte oder gar unmögliche Reime herauszustreichen. Hier läßt er dem Leser keine Wahl, als entweder das *hat er* mit *Vat-er* zusammenzuzwingen, oder sich mit dem gleichermaßen unmöglichen *hater* und *Vater* zufriedenzugeben. Beide Lesarten sind gleich unmöglich und erzeugen eine Bereitwilligkeit zum Lachen, die den Augen beim Lesen der folgenden Zeilen vorauseilt:

> *Und dennoch zwingt ihn tiefes Sehnen*
> *Sein Glück noch weiter auszudehnen.*
> *Er möchte dichten, möchte singen,*
> *Er möchte was zuwege bringen*
> *Zur Freude sich und jedermannes;*
> *Er fühlt, er muß und also kann es.*[138]

Der unverheiratete und von keinem festen Arbeitsverhältnis eingeengte Busch wollte hier nicht etwa andeuten, daß es einem Menschen mit fester Anstellung, der zudem noch vierfacher Vater ist, unmöglich sei, in dichterischer Hinsicht etwas Gutes zu leisten. Er verspottete in diesen Zeilen nur die Naivität eines Bürgers, der meint, er könne so ohne weiteres den beschränkten Horizont poetisch vergolden, nur weil *er fühlt, er muß*. Trotzdem sind die zivilen Verpflichtungen *Bählamms* eine starke Behinderung, und der Untertitel der Geschichte, *der verhinderte Dichter*, bereitet den Leser darauf vor, daß es dem Schreiber, Ehemann und Vater nie gelingen wird, sich sein poetisches Fabrikat zurechtzudrücken. Durch den Verfremdungseffekt des Untertitels ist der Leser von der handlungsbezogenen Spannung befreit und kann sich ganz dem w i e, das heißt der Komik der Darstellung hingeben. Unablässig versucht der verhinderte Dichter, einen geeigneten Ort zu finden, an dem die Stimme der Inspiration zu ihm durchdringen kann: im Park, im Café, zu Hause, auf einer Wiese, unter einem Baum, in der Stadt und auf dem Lande

> *Wo Biederkeit noch nicht veraltet,*
> *Wo Ruhe herrscht und Friede waltet!* –[139]

Manchmal *zuckt der Geist im Faberstifte*, doch es kommt nie zur Niederschrift. Die idyllische Privatsphäre des poetischen Treibhauses wird immer wieder durch Steinwürfe aus der unbekümmert brutalen Außenwelt gestört. Die komisch-dramatische Ironie der Handlung läßt den Leser gerade dann, wenn *Bählamm süßbeklommen die herrlichsten Gedanken kommen*, das Schlimmste befürchten.

Im Schlußkapitel findet man den schwergeprüften verhinderten Dichter im Bett zu Hause. Ein Traum faßt sein Dilemma mit einer ironischen Allegorie zusammen:

Familie Bählamm im Bett

Ihm war als ob, ihm war als wie,
So unaussprechlich wohl wie nie. –
Hernieder durch das Dachgebälke,
Auf rosarotem Duftgewölke,
Schwebt eine reizend wundersame
In Weiß gehüllte Flügeldame,
Die winkt und lächelt, wie zum Zeichen,
Als sollt er ihr die Hände reichen;
Und selbstverständlich wunderbar
Erwächst auch ihm ein Flügelpaar;
Und selig will er sich erheben,
Um mit der Dame fortzuschweben.
Doch ach! Wie schaudert er zusammen!
Denn wie mit tausend Kilogrammen
Hängt es sich plötzlich an die Glieder,
Hemmt das entfaltete Gefieder
Und hindert, daß er weiterfliege.
Hohnlächelnd meckert eine Ziege.
Die himmlische Gestalt verschwindet,
Und nur das Eine ist begründet,
Frau Bählamm ruft, als er erwacht:
«Heraus, mein Schatz! Es ist schon acht!»[140]

«Die satirische Säure will den Glanz, und nur der Rost sagt, sie sei zersetzend», schrieb Karl Kraus zwar treffsicher, doch etwas einseitig in der Zeitschrift «Die Fackel»[141]. Busch war zu pessimistisch, um zu glauben, daß unter dem Rost sich der Glanz verberge. Er benutzte seine Satire nicht als Waffe für eine moralische Säuberungsaktion, sondern als Ausdruck einer kritischen Einschätzung seiner Umwelt. Der Säuregehalt dieser Satire verringerte sich in seinen reifen Werken, denn der besinnliche Humor mischte sich mildernd in die achselzuckende Kritik des älteren Meisters, der sich nach und nach zu einer gelinderen Beurteilung der Welt durchrang. Die Ironie, die Jean Paul als «Feinheit» bezeichnet und lobend der maßlosen Polemik gegenübergestellt hatte, bestimmt den Charakter der letzten Bildergeschichten Buschs und äußert sich vor allem in den Vorreden und Prologen.[142]

Maler Klecksel, Buschs letzte Bildergeschichte, erschien im Juni 1884, genau ein Jahr nach der Auslieferung von *Balduin Bählamm*. Wie die Geschichte vom verhinderten Dichter beginnt auch *Maler Klecksel* mit einer langen Vorrede, in welcher Busch die eigenen Erfahrungen in der Welt der Künstler in einem Feuerwerk witziger Einfälle und unnachahmlicher Formulierungen zusammenfaßt. Zuerst führt der Dichter den Leser aus der geräuschvollen Welt des Redens, der Musik, der Opern und Konzerte in das wohltuend stille Reich der bildenden Künste, in welchem die Malerei den Ehrenplatz einnimmt:

> *Ich bin daher statt des Gewinsels* (Musik)
> *Mehr für die stille Welt des Pinsels;*
> *Und, was auch einer sagen mag,*
> *Genußreich ist der Nachmittag,*
> *Den ich inmitten schöner Dinge*
> *Im lieben Kunstverein verbringe;*
> *Natürlich meistenteils mit Damen.*
> *Hier ist das Reich der goldnen Rahmen,*
> *Hier herrschen Schönheit und Geschmack,*
> *Hier riecht es angenehm nach Lack;*
> *Hier gibt die Wand sich keine Blöße,*
> *Denn Prachtgemälde jeder Größe*
> *Bekleiden sie und warten ruhig,*
> *Bis man sie würdigt, und das tu ich.*[143]

Die ironische Würdigung gilt nicht der Kunst oder den ausgestellten Bildern, sondern bezieht sich auf Äußerlichkeiten, auf Goldrahmen, Lackgeruch, auf die Tatsache, daß die kahle Wand nun so angenehm verdeckt ist. Busch selbst legte keinen Wert auf pompöse

Der Traum. Aus «Balduin Bählamm»

Aufmachung für seine Bilder. Er malte oft auf schlechtes Papier und behandelte die fertigen Malereien mit einer Sorglosigkeit, als gebe es keine Nachwelt, die sich einmal dafür interessieren könnte. Der Wilhelm-Busch-Gesellschaft in Hannover, die sich um die Erhaltung des Nachlasses bemüht, hat er damit schon manche Sorge bereitet. In der gleichen Vorrede belustigt sich Busch über bürgerliche Kunstfreunde, welche die ausgestellten Gemälde nach dem einzigen Kriterion beurteilen, von dem sie etwas verstehen, vom Preis:

> Mit scharfem Blick nach Kennerweise,
> Seh ich zunächst mal nach dem Preise,
> Und bei genauerer Betrachtung
> Steigt mit dem Preise auch die Achtung.[144]

Nachdem Goldrahmen und Preis dem Gemälde Respekt verschafft haben, äußern sich die Galeriebesucher darüber mit wohltönenden Phrasen:

> Ich blicke durch die hohle Hand,
> Ich blinzle, nicke: «Ah, scharmant!
> Das Kolorit, die Pinselführung,
> Die Farbentöne, die Gruppierung,
> Dies Lüster, diese Harmonie,
> Ein Meisterwerk der Phantasie.
> Ach, bitte, sehn Sie nur, Komteß!»
> Und die Komteß, sich unterdeß
> Im duftigen Batiste schneuzend,
> Erwidert schwärmerisch: «Oh, wie reizend!»[145]

Balduin Bählamm hatte immerhin versucht, aus der Beengung seiner gar zu regelgerechten Bürgerexistenz zu fliehen, indem er sich innerlich und äußerlich als Dichter maskierte und allen Ernstes versuchte, eine Dichtung zustande zu bringen. Beim Maler Klecksel verändert Busch die Perspektive, denn die Kunst wird nun nicht als Verzierung des Bürgerlebens betrachtet, sondern vom bürgerlichen Standpunkt des Gelderwerbs. Die Vorrede zu Maler Klecksel endigt mit diesen bezeichnenden Worten:

> Darum, o Jüngling, fasse Mut;
> Setz auf den hohen Künstlerhut
> Und wirf dich auf die Malerei;
> Vielleicht verdienst du was dabei! [146]

Des jungen *Kuno Klecksels* Kunstbetrieb wird denn auch vom nicht-künstlerischen Standpunkt bloßer Kunstfertigkeiten beschrieben:

> *Von allen Schülern, die da sitzen,*
> *Kann keiner so den Bleistift spitzen.*
> *Auch sind nur wenige dazwischen,*
> *Die so wie er mit Gummi wischen.*
> *Und im Schraffieren, was das Schwerste,*
> *Da wird er unbedingt der Erste.*[147]

Trotz seiner Kunstfertigkeiten gelingt es *Klecksel* nicht, ein Kunstwerk zu schaffen. Geldnöte inspirieren ihn hinreichend, als künstlerischer Opportunist mit einem – damals modischen – *historisch Bild* sein Glück zu wagen. In einer anderen Episode zeigt Busch seinen Helden als Scharlatan. Ein reiches Fräulein hat ein Bild bestellt und sitzt Modell:

> *Gar oft erfreut das Fräulein sich*
> *An Kunos kühnem Kohlestrich,*
> *Obgleich ihr eigentlich nicht klar,*
> *Wie auch dem Künstler, was es war.*[148]

Zwar weiß der Leser, daß *Kuno Klecksel* natürliches Talent besitzt, denn er zeigte ja schon als Kind *des Zeichnens ausgeprägte Gabe,* doch ist er nicht gewillt, sich für die Entwicklung seiner Talente einzusetzen. Nicht umsonst nennt ihn Busch *Klecksel,* was soviel wie Pfuscher heißt. Aus den folgenden Versen spricht sicherlich Buschs schmunzelnde Erinnerung an die eigenen Leiden und Freuden im Düsseldorfer Antikensaal:

> *Der Alten ewig junge Götter –*
> *Wenn mancher auch in Wind und Wetter*
> *Und sonst durch allerlei Verdrieß*
> *Kopf, Arm und Bein im Stiche ließ –*
> *Ergötzen Kuno unbeschreiblich;*
> *Besonders wenn die Götter weiblich.*
> *Er ahmt sie nach in schwarzer Kreide.*
> *Doch kann er sich auch diese Freude*
> *An schönen Sommernachmittagen,*
> *Wenn's grade nötig, mal versagen*
> *Und eilt mit brennender Havanna*
> *Zum Schimmelwirt zu der Susanna.*[149]

«Gar oft erfreut das Fräulein sich / An Kunos kühnem Kohlestrich».
Aus «Maler Klecksel», 1884

Die perfekte Übereinstimmung von Reim, Rhythmus und Wortbedeutung läßt Zigarre, Wirtshaus und Kellnerin als Inbegriff der Kategorie gut-bürgerlichen Wohlbefindens zusammenfließen. Der irdische Reiz der drallen *Susanna* ist stärker als die Attraktion der armlosen, marmorbleichen Göttinnen, die in edler Einfalt und stiller Größe die Geräusche schraffierender Stifte überhörten. *Klecksels* Bierkonsum steigt beträchtlich, er heiratet die Kellnerin, avanciert zum neuen *Schimmelwirt* und erreicht damit das Ziel seiner tiefsten Wünsche, die Quelle des Bierstroms. *Klecksel* entpuppt sich in dieser Geschichte nicht etwa als verhinderter Maler, sondern als verhinderter Bürger. Zwar hatte er, solange er noch ein gesellschaftlicher Außenseiter war, die Repräsentanten des Bürgertums weidlich geärgert. Jetzt aber finden sich die einstigen Opfer seines grollenden Neides regelmäßig am Stammtisch ihres neuen Standesmitgliedes ein:

> *So tut die vielgeschmähte Zeit*
> *Doch mancherlei, was uns erfreut;*
> *Und, was das Beste, sie vereinigt*
> *Selbst Leute, die sich einst gepeinigt.*[150]

Schon zu Beginn der Geschichte, als *Kuno Klecksel* geboren wurde, hieß es:

> *Kritzkratz! Als kleiner Weltphilister*
> *Steht Kuno Klecksel im Register.*[151]

Die frühe Veranlagung zum Philister erwies sich als bestimmend für seinen Lebenslauf, der ja bei Erreichung seines bürgerlichen, nicht künstlerischen, Ziels aufhört, einer zu sein. Buschs deterministischer Satz aus dem Prolog zum *Hl. Antonius von Padua* bewahrheitet sich auch hier:

> *So gilt doch dies Gesetz auf Erden:*
> *Wer mal so ist, muß auch so werden!* — [152]

DER LYRIKER

Schon in seinen frühen Vierzigern war Wilhelm Busch eine bekannte Persönlichkeit geworden. Sein Name war scheinbar unauflöslich an die Bildergeschichten gebunden, die zu diesem Zeitpunkt schon erschienen und erst durch ihn zum populären Genre geworden waren. Diese enge Bindung seines Namens an sein bisheriges Werk sollte sich als Hindernis auswirken, als er daranging, im Jahre 1874 einen Band gesammelter Gedichte herauszugeben, die *Kritik des Herzens*. Dieser Band enthielt achtzig Gedichte. Im späteren *Zu guter Letzt* (1904) waren hundert und im postumen *Schein und Sein* weitere vierundsiebzig enthalten. Die beträchtliche Quantität dieser Gedichte ist um so erstaunlicher, als Busch auch heute nicht so sehr als Lyriker bekannt ist, obwohl doch – neben Einzelausgaben seiner Gedichte – namhafte Sprecher wie Erich Ponto in Leseabenden und auf Schallplatten dafür gesorgt haben, daß die lyrische Dichtung Wilhelm Buschs immer weiteren Kreisen zugänglich wurde. Man kann sogar sagen, daß seine Gedichte erst seit dem Ersten Weltkrieg eine breitere Wirkung erzielen konnten, denn zu Lebzeiten des Dichters, in den Jahrzehnten vor dem Ersten Weltkrieg, war der nüchterne, bewußt «prosaische» Tonfall seiner Lyrik wenig gefragt. So ist es auch nicht erstaunlich, daß die erste Veröffentlichung der *Kritik des Herzens* für den Verleger Bassermann ein finanzieller Mißerfolg und für den Dichter selbst eine persönliche Enttäuschung war. Dem Busch-Publikum war es wohl nicht recht, daß sich der humorige Bildergeschichtenerzähler in ein Gebiet vorgewagt hatte, für das andere Lieferanten zuständig waren. Gewiß kam auch hinzu, daß seine Gedichte in ihrer respektlosen Nüchternheit, mit ihrer gelegentlichen Verspottung romantischer Schablonen an einen Dichter erinnerten, der in Deutschland von vielen nur mit Zurückhaltung geschätzt wurde: an Heinrich Heine. Die begrenzte Anerkennung, die Heine erfuhr, galt meistens den romantischen Überresten in seiner Dichtung und nicht den bewußt banalen Kontrasten, mit denen er diese Überreste und damit auch die eigenen Gefühle verspottete. In einigen Busch-Gedichten tritt diese Verwandtschaft zu Heine besonders deutlich hervor:

> *Sie war ein Blümlein hübsch und fein,*
> *Hell aufgeblüht im Sonnenschein.*
> *Er war ein junger Schmetterling*
> *Der selig an der Blume hing.*
> *Oft kam ein Bienlein mit Gebrumm*
> *Und nascht und säuselt da herum.*

Oft kroch ein Käfer kribbelkrab
Am hübschen Blümlein auf und ab.
Ach Gott, wie das dem Schmetterling
So schmerzlich durch die Seele ging.
Doch was am meisten ihn entsetzt,
Das Allerschlimmste kam zuletzt.
Ein alter Esel fraß die ganze
Von ihm so heißgeliebte Pflanze.[153]

Der in Herzensangelegenheiten nicht eben glückliche Busch – Johanna Keßler stand ihm damals noch in ihrer Unerreichbarkeit schmerzlich vor der Seele – versteckte sich gern hinter dem betont schnodderigen Tonfall einer scheinbaren Distanz. Die öffentliche Beschäftigung mit der eigenen Gefühlswelt nannte er in einem Brief an Maria Anderson spöttisch *Seelenfiltrieren*[154]. So gibt auch dies Gedicht im Heine-Ton kaum noch Anhaltspunkte für den Gefühlszustand des Verfassers, und die romantisierende Wiesenperspektive ist auch ohne den gefräßigen Esel ironisch.

Man sollte jedoch nicht, wie es manchmal geschieht, gar zu viel Gewicht auf die Ähnlichkeiten zwischen Busch und Heine legen oder gar Abhängigkeiten herauslesen wollen. Die Parodie auf veraltete Formen der Romantik ist bei Busch gar nicht so häufig. Seine meisten Gedichte sind in ihrer Gesamtanlage gereimte Prosa, ein modernes Ausdrucksmittel für rein gedanklich konzipierte Beobachtungen satirischer Art. Die Versuchung liegt nahe, Busch als Vorläufer Erich Kästners zu bezeichnen. Die Ähnlichkeit liegt auf der Hand, wenn man Kästners «Sachliche Romanze»[155] («Als sie einander acht Jahre kannten...») mit einem Gedicht Buschs vergleicht, welches dasselbe Thema, die Vergänglichkeit der Liebe, satirisch behandelt:

Die Liebe war nicht geringe.
Sie wurden ordentlich blaß;
Sie sagten sich tausend Dinge
Und wußten immer noch was.

Sie mußten sich lange quälen,
Doch schließlich kam's dazu,
Daß sie sich konnten vermählen.
Jetzt haben die Seelen Ruh.

Bei eines Strumpfes Bereitung
Sitzt sie im Morgenhabit;
Er liest in der Kölnischen Zeitung
Und teilt ihr das Nötige mit.[156]

Die Wortwahl ist bei Kästner und bei Busch betont sachlich. Beide vermeiden das sentimentale Seelenschmerz-Vokabular der Epigonen der Romantik, das ja auch noch bei Heine eine gewisse Rolle spielte. Trotzdem ist Kästners Gedicht durchaus lyrisch, denn der mitfühlende Schmerz über den Verlust der Liebe ist in seinem Gedicht sehr spürbar. Aus Buschs Gedicht spricht nur der Außenseiter, die spöttische Distanziertheit des innerlich Unbeteiligten gibt den Ton an und verleiht der Aussage den Charakter kühler Nüchternheit. Als Gedicht im traditionellen Sinne ist es deshalb nicht gelungen. Doch als Ausdruck einer satirischen Einschätzung der abgestandenen Ehe, als präzise Kurzform der Milieuschilderung wirkt es gerade durch seine Kunstlosigkeit und fixiert mit seiner prosaischen Kälte das ganze Grauen einer zur Gleichgültigkeit erstarrten menschlichen Beziehung.

Die satirische Ironie, die fast das ganze Werk Wilhelm Buschs bestimmt, ist auch das vorherrschende Merkmal seiner Gedichte. Immer wieder trifft man in den Gedichtsammlungen auf Themen, die dem Leser schon von den Bildergeschichten her vertraut sind: Eigenliebe, die lächerliche Vergeblichkeit menschlichen Treibens, des Lebenslaufs mit allem, was dem Menschen so wichtig erscheint, Liebe, Alter und Tod. Dem kontemplativ veranlagten Busch war jegliche hektische Betriebsamkeit zuwider. Selbst in den Briefen an seine Freunde Kaulbach, Lenbach und Levi mischt er manchmal einen kleinen Tropfen Ironie in die Tinte und mokiert sich ganz leise über ihre nach äußerem Erfolg strebende Lebensweise. Auch das Gedicht *Der Unentbehrliche* zeigt einen Menschen, der meint, er müsse überall dabei sein, bis auch ihn, trotz der Geschwindigkeit seines Lebenstempos, die Wirklichkeit des Todes überholt:

> *Wirklich, er war unentbehrlich!*
> *Überall, wo was geschah*
> *Zu dem Wohle der Gemeinde,*
> *Er war tätig, er war da.*

> *Schützenfest, Kasinobälle,*
> *Pferderennen, Preisgericht,*
> *Liedertafel, Spritzenprobe,*
> *Ohne ihn, da ging es nicht.*

> *Ohne ihn war nichts zu machen,*
> *Keine Stunde hatt' er frei.*
> *Gestern, als sie ihn begruben,*
> *War er richtig auch dabei.*[157]

Wilhelm Busch. Gemälde von Franz von Lenbach

Hektische Aktivität und die Sucht, populär oder gar berühmt zu werden, waren Busch zuwider. Sein eigener Ruhm – *die Schwindelware*, wie er sie nannte – schien ihm im Gegensatz zu seinen Münchener Freunden wenig zu bedeuten. Er ging ihm aus dem Wege, so gut er konnte. Und wo es sich nicht vermeiden ließ, nahm er es achselzuckend hin. Ein gewisser publizistischer Erfolg war ja auch die Voraussetzung für finanzielle Unabhängigkeit. Von der Idee der Vergänglichkeit durchdrungen, entbehrte das Ansammeln materieller Güter jeglichen Reizes. Bei einer derart gefügten Individualität war es denn für Busch auch nicht schwer, dem opulenten Leben vom Schicksal begünstigter Glückspilze mit neidloser Ironie zuzusehen:

> *Geboren ward er ohne Wehen*
> *Bei Leuten, die mit Geld versehen.*
> *Er schwänzt die Schule, lernt nicht viel,*
> *Hat Glück bei Weibern und im Spiel,*
> *Nimmt eine Frau sich, eine schöne,*
> *Erzeugt mit ihr zwei kluge Söhne,*
> *Hat Appetit, kriegt einen Bauch,*
> *Und einen Orden kriegt er auch,*
> *Und stirbt, nachdem er aufgespeichert,*
> *Ein paar Milliönchen, hochbetagt,*
> *Obgleich ein jeder weiß und sagt:*
> *Er war mit Dummerjahn geräuchert!* [158]

Wenn man einige von Buschs satirischen Gedichten gelesen hat, wundert man sich nicht, warum seine Lyrik bei so wenigen Zeitgenossen Anklang fand. Mit heroischen Heldengedichten und romantischen Idyllen für den bürgerlichen Hausgebrauch hätte er einen breiteren Leserkreis befriedigen können. Doch den meisten Lesern waren seine Gedichte oft zu respektlos und satirisch, zu schnodderig, manchmal zu «unmoralisch» und im ganzen viel zu wenig gefühlvoll. Buschs Freund und Verleger Otto Bassermann hatte daher schon vor der Veröffentlichung des ersten Gedichtbandes seine Zweifel und meinte, Busch solle einige der satirischen Gedichte durch «noch etwas Sentimentales» ersetzen. Sein Autor ließ sich jedoch nicht beirren; er hätte sich selbst verleugnen müssen. Als die *Kritik des Herzens* im Oktober 1874 erschien, verkaufte sich die erste Auflage gut – immerhin hieß der Verfasser Wilhelm Busch –, doch die zweite Auflage blieb länger im Lagerhaus liegen, als es dem Verleger angenehm sein konnte. Das kritische Echo war gemischt; negative Stimmen gaben den Ton an. Manche Gedichte, die mit ungeschminkter Ehrlichkeit die Ergebnisse einer introspektiven Selbstanalyse an-

boten, wurden von *einem feinen und hochgebildeten* Publikum als
Ausdruck einer lasziven Unmoral mißverstanden:

> *Ach, ich fühl es! Keine Tugend*
> *Ist so recht nach meinem Sinn;*
> *Stets befind ich mich am wohlsten,*
> *Wenn ich damit fertig bin.*
>
> *Dahingegen so ein Laster,*
> *Ja, das macht mir viel Pläsier;*
> *Und ich hab die hübschen Sachen*
> *Lieber vor als hinter mir.*[159]

Auch das darauf folgende Gedicht im jambischen Pentameter –
eine Seltenheit bei Busch – war nicht geeignet, die aufgebrachten
Moralisten zu besänftigen:

> *Das Bild des Mann's in nackter Jugendkraft,*
> *So stolz in Ruhe und bewegt so edel,*
> *Wohl ist's ein Anblick, der Bewundrung schafft;*
> *Drum Licht herbei! Und merke dir's, o Schädel!*
>
> *Jedoch ein Weib, ein unverhülltes Weib –*
> *Da wird dir's doch ganz anders, alter Junge.*
> *Bewundrung zieht sich durch den ganzen Leib*
> *Und greift mit Wonneschreck an Herz und Lunge.*
>
> *Und plötzlich jagt das losgelaßne Blut*
> *Durch alle Gassen, wie die Feuerreiter.*
> *Der ganze Kerl ist eine helle Glut;*
> *Er sieht nichts mehr und tappt nur noch so weiter.*[160]

Gustav Spieß, ehrenamtlicher kaiserlich türkischer Generalkonsul
in Leipzig, schrieb einen geharnischten Protestbrief, in dem er unter
anderem ausführte: «... Wenn die geehrte Redaktion das Neueste
von W. Busch aber wirklich durchblättert hat, dann wird sie das
Buch mit Widerwillen und Ekel aus der Hand legen und mir bei-
pflichten, daß solche Erzeugnisse eines ‹Dichters› ins Feuer und nicht
auf den Weihnachtstisch gehören. Von Witz ist kaum die Rede, trivial ist das meiste, schal fast alles und schmutzig-lasziv viel zuviel
– an keinem Gedicht wird man Freude haben können, sondern geneigt sein, das Buch mit einem ‹Pfui, wie gemein und unschön›, aus
der Hand legen. Wenn jemand, der sich eine gewisse Popularität er-
worben, diese dazu mißbraucht, um solches Zeug in die Welt zu

setzen, dann gebührt ihm eine derbe Abfertigung, und es wäre mir sehr erfreulich, wenn Sie dem ‹Dichter› Busch diese zuteil werden ließen. Schon die letzten Zeichnungen verrieten eine bedenkliche Hinneigung zum Obszönen, und über die Berechtigung einer so verzerrten Karikatur kann man zweierlei Ansicht sein. Für das neueste Werk des Dichters Busch hätte derselbe das Lieblingstier des hl. Antonius selbst als Motto gewählt – damit wäre ihm der wahre Stempel aufgedrückt worden. Zu bewundern bleibt nur, daß sich unter dem Wust von Trivialem, Schalem und Obszönem zwei Gedichte befinden, die in der Tat ein sinniges, dichterisches Talent verraten, sie sind einer verstorbenen Geliebten gewidmet, die dem Dichter im Leben schon vieles zu vergeben Ursache gehabt zu haben scheint. Man kann die Verstorbene beneiden, denn wenn ihr diese Dichtungen W. Buschs gewidmet worden wären, so würde sie solche Huldigung sich wohl verbeten und dem Dichter diese Mißgeburten schwerlich verziehen haben.»[161]

Es wäre verfehlt, diesen Ausbruch des Unmuts nur als moralische Überempfindlichkeit eines Spießers abzutun. Dieser Protestbrief enthält bei aller Übertreibung manche Anzeichen, daß der Schreiber keineswegs dumm war und etwas von Dichtung verstand. Denn wer wollte nach eingehender Prüfung der *Kritik des Herzens* bestreiten, daß darin manches enthalten ist, was tatsächlich, wie Gustav Spieß meinte, trivial und schal ist. Manchmal will es scheinen, als ob Busch einer gar zu sorglosen Reimerei nachgegeben habe und daß manche Gedichte nur durch den Reim schlecht und recht zusammengehalten werden – und durch sonst nichts. Auch wenn diese schlechten Gedichte nicht so zahlreich sind, wie Spieß anzunehmen schien, so ist es doch erstaunlich, daß Buschs kritisches Urteilsvermögen sie nicht entdeckte und aus der Sammlung entfernte. Der vom moralischen Zorn geblendete Briefschreiber konnte zwar nur zwei gute Gedichte in der *Kritik des Herzens* entdecken, doch sind darin in Wirklichkeit die meisten Gedichte gelungen, auch diejenigen, die «nur» satirisch sind; in früheren Kapiteln wurden einige angeführt. Ein ganz anderer Wilhelm Busch zeigt sich, wenn der Dichter Dinge aufgreift, die ihm sehr am Herzen lagen, wie zum Beispiel in *Zu guter Letzt* das Gedicht:

Auf Wiedersehn

> *Ich schnürte meinen Ranzen*
> *Und kam zu einer Stadt*
> *Allwo es mir im ganzen*
> *Recht gut gefallen hat.*

Nur eines macht beklommen,
So freundlich sonst der Ort:
Wer heute angekommen,
Geht morgen wieder fort.

Bekränzt mit Trauerweiden,
Vorüber zieht der Fluß,
Den jeder beim Verscheiden
Zuletzt passieren muß.

Wohl dem, der ohne Grauen,
In Liebe treu bewährt,
Zu jenen dunklen Auen
Getrost hinüberfährt.

Zwei Blinde, müd vom Wandern,
Sah ich am Ufer stehn,
Der eine sprach zum andern:
Leb wohl, auf Wiedersehn.[162]

Die volksliedhafte Einfachheit der Wortwahl dieses Gedichts täuscht leicht darüber hinweg, mit welcher Meisterschaft Busch in diesen Versen ein Thema behandelte, das ihn mit zunehmenden Jahren beschäftigte. In diesem Gedicht läßt Busch das qualifizierte Wohlgefallen an der Welt, die er sonst nur verspottete, zur Wehmut über die Vergänglichkeit der Dinge werden. In der zentralen dritten Strophe verwendet er statt des im Volkslied üblichen «Scheidens» das deutliche *Verscheiden*, und das letzte Wort dieser Strophe ist *muß*. In der vierten Strophe mischt sich in das Grauen über die Unvermeidbarkeit des Todes die Hoffnung, daß sich treu bewährte Liebe als Schutz und Sinngebung bewähren möge. Die fünfte Strophe zeigt diese Möglichkeit; denn wenn zwei Blinde vom Wieder-Sehen sprechen, so ist das ein Ausdruck der Hoffnung an die Kontinuität des Lebens – an der Schwelle des Todes. Daß Busch selbst das Grauen vor dem Tode überwunden habe, darf man aus diesen Zeilen allerdings nicht folgern, denn das *Wohl dem, der ohne Grauen* leitet über zu den gläubigen Blinden, ohne den Dichter selbst miteinzubeziehen. Er beneidet die Blinden um ihre sichere Gläubigkeit. Ein Brief an Hermann Levi enthält neben philosophischen und religiösen Erörterungen auch diese aufschlußreiche Stelle: *Drüben, am andern Ufer des Stromes, steht der heilige Augustinus. Er nickt mir ernsthaft zu: hier liegt das Boot des Glaubens; Gnade ist Fährmann; wer dringend ruft, wird herübergeholt. – Aber ich kann nicht rufen: meine Seele ist heiser; ich habe eine philosophische Erkältung.*[163]

Um 1901

Ein anderes Gedicht zeigt dann wieder eine Mischung von Ernst und Ironie:

Mein Lebenslauf

Mein Lebenslauf ist bald erzählt.
In stiller Ewigkeit verloren
Schlief ich, und nichts hat mir gefehlt,
Bis daß ich sichtbar ward geboren.
Was aber nun? – Auf schwachen Krücken,
Ein leichtes Bündel auf dem Rücken,
Bin ich getrost dahingeholpert,
Mitunter grad, mitunter krumm,
Und schließlich mußt ich mich verschnaufen.
Bedenklich rieb ich meine Glatze
Und sah mich in der Gegend um.
O weh! Ich war im Kreis gelaufen,
Stand wiederum am alten Platze,
Und vor mir dehnt sich lang und breit,
Wie ehedem, die Ewigkeit.[164]

Busch schrieb dies ausgezeichnete Gedicht im April 1907, etwa neun Monate vor seinem Tode. Es enthält die wesentlichen Elemente seiner Lebenseinstellung, einer Einstellung, die zeigt, daß sich Busch nie so recht mit der Tatsache abfinden konnte, überhaupt geboren worden zu sein. Die wunschlose Existenzlosigkeit des Nichtgeborenseins war ihm der Idealzustand, dem er immer nachtrauerte. Seine Geburt, die ihn der wohligen Stille des Nichts entriß und in eine laute Welt versetzte, war ihm der Beginn eines ratlosen Herumholperns im Kreise, in der Zirkusarena einer unsinnigen Welt. So blieb dem nur widerwillig Geborenen nichts weiter übrig, als auf den *schwachen Krücken* menschlicher Anfälligkeiten schlecht und recht seine Bahn entlangzutrotten. Als alter Mann merkte er, daß sein Lebenslauf nur ein vergeblicher Kreislauf war und daß er wieder da stand, wo er einst angefangen hatte. Er hätte sich die Anstrengung ersparen können, denn die Ewigkeit, in der er so gerne geblieben wäre, liegt nun wieder vor ihm. Im *O weh!* der zwölften Zeile dieses Gedichts liegen Erstaunen, Enttäuschung und Schmerz darüber, daß ihn all das getroste Dahinholpern nicht weitergebracht hat. Die ironische Resignation kommt in der Wortwahl zum Ausdruck und in dem konsternierten Reiben der Glatze. Mehr als jedes andere zeigt dies Gedicht, mit welcher Meisterschaft Busch arbeiten konnte, gerade wenn es um ernste Dinge ging. Das Reimschema dieses Gedichts ist weitaus komplizierter, als man es bei dem Verfasser von *Max und Moritz* für möglich hält. Für die erzählenden ersten vier Verse, von der Präexistenz bis zur Geburt, benutzt er den einfachen Wechselreim. Die fünfte und sechste Zeile geben die Anfangssituation der irdischen Laufbahn mit einem einfachen Reimpaar wieder. Die siebte Zeile steht jedoch ohne Reim allein im Gedicht, und es zeigt sich, daß diese Anordnung der Wortbedeutung von *dahingeholpert* entspricht, denn wenn jemand holpert, kommt er zwangsläufig aus dem Gangrhythmus heraus. Der achte, neunte und zehnte Vers haben dann jeweils eine andere Endung, und man glaubt beim Lesen, Busch habe nun den Reim ganz aufgegeben. Doch dann kehren die letzten drei Vers-Endungen in der elften, zwölften und dreizehnten Zeile wieder, und es zeigt sich, daß dies unübersichtlichere Reimschema durchaus dem Sinn der Aussage entspricht. Denn ebenso wie der Dahinholpernde erst am Ende der elften Zeile zu merken beginnt, daß er nur im Kreise gelaufen ist und wiederum da steht, wo er angefangen hat, so bemerkt auch der Leser erst jetzt, daß sich die scheinbar ungereimten Verse wieder zu reimen beginnen. So hat Busch in diesem Gedicht seine virtuose Reimkunst auf überraschende Weise variiert, denn der Sinn des Lebens schien ihm wohl zu fragwürdig, als daß er ihn durch ein übersichtlicheres Reimschema hätte vortäuschen wollen.

Busch war sich der Mangelhaftigkeit der Welt immer bewußt, und doch meinte er nicht, daß er irgendwelche Institutionen der Gegenwart oder Vergangenheit dafür verantwortlich machen könne. Er war davon überzeugt, daß jeder Mensch im Laufe seiner zahllosen Re-Inkarnationen den beklagenswerten Zustand der Welt mit herbeigeführt habe und daher nicht berechtigt sei, sich darüber zu beschweren. In dem Gedicht *Die Welt* spricht er diese Gedanken mit saloppem Tonfall aus und benützt die Gelegenheit, gleichzeitig den Frauen einen ironischen Seitenhieb zu versetzen:

> *Es geht ja leider nur soso*
> *Hier auf der Welt, sprach Salomo.*
> *Dies war verzeihlich. Das Geschnatter*
> *Von tausend Frauen, denn die hatt er,*
> *Macht auch den Besten ungerecht.*
> *Uns aber geht es nicht so schlecht.*
> *Wer, wie es Brauch in unsern Tagen,*
> *Nur eine hat, der soll nicht sagen*
> *Und klagen, was doch mancher tut:*
> *Ich bin für diese Welt zu gut.*

Selbst wem es fehlt an dieser einen,
Der braucht darob nicht gleich zu weinen
Und sich kopfüber zu ertränken.
Er hat, das mag er wohl bedenken,
Am Weltgebäude mitgezimmert
Und allerlei daran verschlimmert.
Und wenn er so in sich gegangen,
Gewissenhaft und unbefangen,
Dann kusch er sich und denke froh:
Gottlob, ich bin kein Salomo;
Die Welt, obgleich sie wunderlich,
Ist mehr als gut genug für mich.[165]

Zwar hätte der Satiriker Busch gern eine rein philosophische Lösung für die großen Fragen des Lebens gefunden, doch merkte er trotz seiner analytischen Veranlagung, daß die Gedankenleitern nicht hoch genug in den Himmel ragten, um eine befriedigende Übersicht über das absurde Welttheater zu vermitteln. Seine *philosophische Erkältung*, die er in dem Brief an Levi erwähnt hatte, hinderte ihn nicht, auf eine andere Möglichkeit hinzuweisen, die dem Menschen unter solch ungünstigen Bedingungen der Erkenntnis zur Verfügung steht, auf den Glauben:

Wo sich Ewigkeiten dehnen,
Hören die Gedanken auf,
Nur des Herzens frommes Sehnen
Ahnt, was ohne Zeitenlauf.
Wo wir waren, wo wir bleiben,
Sagt kein kluges Menschenwort;
Doch die Grübelgeister schreiben:
Bist du weg, so bleibe fort.

Laß dich nicht aufs neu gelüsten.
Was geschah, es wird geschehn.
Ewig an des Lebens Küsten
Wirst du scheiternd untergehn.[166]

Dieser Glaube rechnete allerdings nicht mit spezifischen Gewißheiten, sondern verhielt sich abwartend. Busch war überzeugt, daß der Wille sich nicht selbst negieren könne und nahm daher die Empfehlung des Grübelgeistes Schopenhauer, einfach wegzubleiben, nicht ernst. Für Busch war der Glaube nur die Ahnung einer möglichen Sinngebung des Lebens, die sich dem Sehnen eines frommen Herzens

Nanda Keßler

erschließen mag. Der Satiriker behandelte diese zarte Andeutung des Glaubens ohne jede Ironie, eine Tatsache, die um so erstaunlicher ist, als er sich bisher hohnlachend und spöttisch mit kirchlichen Würdenträgern, Asketen und frömmelnden Bürgern befaßt hatte. Wo er aber statt des ihm verhaßten *Herzjesuschwindels*[167] echte Frömmigkeit fand, respektierte er sie ohne weiteres. Das war schon bei Pastor Kleine, seinem verehrten Erzieher, der Fall, wie auch bei seinem Schwager, dem Pastor Hermann Nöldeke, und dessen Söhnen Hermann und Otto. Drei Jahre vor seinem Tode wandte sich Nanda Keßler – eine Tochter Johannas – an ihn und bat ihn um geistlichen Trost. Ihr Sohn Hugo war bei einer Bootfahrt im Main ertrunken: *Du möchtest etwas hören über schlichte Frömmigkeit; ich will, wenn auch mit einigem Widerstreben, Dir zu sagen versuchen, was ich denke darüber. – Gott, genannt Vater als Urquell alles Lebens, der grundgute Wille im Gegensatz zum Eigenwillen; der Unbegreifliche, von dem sich kein Bild machen läßt, ist begreiflich erschienen in Christo, der die armen leidenden Menschenkinder brüderlich zu sich ruft und über Kreuz und Tod hinaus ihnen nah ist mit seinem Geiste. Ihm, dem höchsten Vorbild der Liebe, suchen sie nachzufolgen in Demut und Gebet, ohne Askese, ohne die Freud an der Welt zu verlieren, und gehen so der Ewigkeit entgegen in der festen Zuversicht, dort ihr Teuerstes wiederzufinden, das ihnen vorangegangen. Nicht durch Lustbarkeiten, nicht durch Weihrauch und äußere Zeremonien suchen sie sich zu betäuben in ihrem Schmerz, sondern inwendig, wissen sie, kommt das Reich Gottes ... Und gewiß, nur in der Tiefe der Seele, mit Hilfe jener Kraft, die stärker ist als alle Vernünftigkeit, kann Trost und Ruhe gefunden werden. Mehr mag ich nicht reden darüber.*[168]

Busch beschreibt in diesem Brief den Glauben protestantischer Christen, er predigt ihn nicht. Er sagt nicht «wir» oder «ich», sondern «sie», denn ihm fehlte die feste Zuversicht auf eine re-inkarnationsfreie Ewigkeit, und er hatte keine Hoffnung, daß er verstorbene Persönlichkeiten dort wiederfinden könne. Es ist ihm daher auch peinlich, überhaupt davon reden zu müssen. Der trostbedürftigen Nanda Keßler konnte er im Grunde nicht viel helfen. Er zeigte ihr nur, wo das Boot des Glaubens liegt, in das er selbst noch nicht einsteigen mochte.

Buschs Werdegang wäre leichter gewesen, wenn ihn eine eindeutige Begabung der Malerei zugeführt hätte. Die Anerkennung, die er im Künstlerverein Jung-München für seine Karikaturen, nicht aber für seine Malerei gefunden hatte, mußte ihn, der doch Maler werden wollte, im Grunde seines Herzens verstimmen. Doch eines führte zum andern. Die Notwendigkeit, seine Zeichnungen für die «Fliegenden Blätter» mit Texten zu versehen, ließ ihn dann auch seine verskünstlerische Begabung entdecken. Mit dem Erfolg von *Max und Moritz* war seine Zukunft entschieden, denn es lag auf der Hand, daß die Bildergeschichte sein eigentliches, eigenstes Metier war, die Kombination von Zeichnung und Vers, beide im Dienste der Satire, das heißt als Karikatur und als ironische Anti-Lyrik. Zwar hat Busch während seines ganzen Lebens weitergemalt; ganz im stillen hat er einige beachtliche Bilder geschaffen, doch erweckten sie meistens keine Bewunderung, sondern nur gelegentliche freundliche Aufmerksamkeit. Nachdem Busch bereits als Schöpfer der Bildergeschichten berühmt geworden war, wollte er auch seine Fähigkeiten als lyrischer Dichter unter Beweis stellen und begann mit der Veröffentlichung seiner Gedichtsammlungen. Vieles darin ist außerordentlich gelungen, jedoch ist auch manches durchaus entbehrlich. Wichtig ist für uns die Erkenntnis, daß es ohne den Maler Busch einerseits und den Dichter Busch andererseits niemals den typischen «Wilhelm Busch» gegeben hätte, der seine Berühmtheit in erster Linie den Bildergeschichten verdankte und bis in unsere Zeit ein Begriff geblieben ist. Erst in diesen konnten sich sein virtuoses Können als Karikaturist und seine Meisterschaft der satirischen Verskunst geradezu austoben. Die präzise Sicherheit des Strichs wird durch die treffsicheren Verse in ihrer Wirkung erhöht und potenziert ihrerseits rückwirkend die Verse. Überraschende, «unmögliche» Reime, komische, unerwartete Worttrennungen, heterogenes Nebeneinander ungleicher Wörter, ironische Verdrehungen und Doppeldeutigkeiten enthüllen einen Einfallsreichtum und eine souveräne Handhabung der Mittel, die ihresgleichen suchen. In allen Bildergeschichten findet man komische Zweizeiler, die als ironische Sentenzen Eingang in die Umgangssprache gefunden haben. Selbst wenn Buschs Werk über Nacht verschwinden sollte: seine zu geflügelten Worten gewordenen Sentenzen ließen sich nicht mehr aus dem Sprachgebrauch entfernen. Sie sind im wahrsten Sinne – unabhängig von ihrem Schöpfer und seinem Werk – volkstümlich geworden. Oft scheint eine solche Sentenz eine tiefe Wahrheit zu verkünden und entpuppt sich erst bei näherem Hinsehen als Scheinwahrheit, Scheinmoral oder auch nur als eine Binsenwahrheit, die sich als gewichtiger Weisheitsspruch gebärdet. Es ist unschwer zu erkennen, warum sich solche Sentenzen oft als «Wahrheiten» durchsetzen: die Perfektion der Form täuscht über den zweifelhaften Inhalt der Aussage hinweg. Busch verstand es meisterhaft, die Sinn- oder Unsinn-Einheiten dieser Aussagen mit müheloser Rhythmik zu unterstreichen, die Verse mit gängiger Alltagssprache zu füllen und mit schlichten Reimen abzurunden. Die formale Vollkommenheit verleiht der Aussage den Glanz der Selbstsicherheit. Leser und Hörer, bestrickt von dieser formalen Souveränität einerseits und der entwaffnenden Einfachheit der Wortwahl andererseits, sind entzückt und lassen sich leicht verführen, den fragwürdigen Inhalt dieser Sentenzen wegen des verführerischen Köders kritiklos zu verschlucken. Man meint, den alten Angler leise lachen zu hören.

Eine der bekanntesten Sentenzen ist diese:

Das Gute – dieser Satz steht fest –
Ist stets das Böse, was man läßt! [169]

Reim und Rhythmus ergeben sich ganz mühelos, und die Wortwahl entstammt der Alltagssprache. Alles «sitzt» in diesem Satz, und man hat ihn deshalb gleich – mit einem Seitenblick auf Schopenhauer – als weltweisen Satz interpretiert. Wenn man bedenkt, daß Busch der hektischen Betriebsamkeit bürgerlicher Entrepreneure, *der großen Zunft von kleinen Meistern*, gern seine *Welt des Unterlassens* gegenüberstellte, scheint eine solche Interpretation auch gar nicht so abwegig. Doch Buschs Abhängigkeit von Schopenhauer ist ja nicht so durchgehend und eindeutig, daß man bei der Auslegung seiner Werke immer gleich mit einem «Aha! Schopenhauer!» bei der Hand sein sollte.

Einen zuverlässigeren Hinweis, wie eine Sentenz zu verstehen ist, erhält man, wenn man untersucht, welchem Zusammenhang sie entnommen ist. Bei der hier besprochenen Sentenz stellt sich heraus, daß es der «gute» *Onkel Nolte* ist, einer der alten Leute, die *alles hinter sich* haben, der diese Scheinweisheit nach dem schlimmen Ende seiner frömmelnden Nichte *Helene* ausspricht – mit lehrhaft erhobenem Zeigefinger, angetan mit den Attributen des Philisters, Zipfelmütze und Schlafrock. Und die Zeilen, welche dieser Sentenz folgen, zeigen deutlich, wie sie gemeint ist:

Ei ja! – da bin ich wirklich froh!
Denn, Gottseidank! Ich bin nicht so!! [170]

Wer diese sentenziösen Verse als Weisheit auslegt, müßte auch den, der sie ausspricht, als Weisen anerkennen. Das wäre nur möglich, wenn man die beißende Ironie ignoriert, mit der Busch den Spießer *Nolte* dargestellt hat. Dieser würde damit zum «guten Menschen» aufgewertet, den es in Buschs Menschenbild überhaupt nicht gab. Theodor Heuss schrieb dazu: «Die Rousseausche Mitteilung ‹Der Mensch ist gut› erschien ihm gewiß als Sehfehler.»[171]

Die Unterlassung des Bösen kann an sich noch nicht das Gute darstellen. Man sollte meinen, daß sich das Gute erst durch entsprechende Taten manifestieren müßte. Buschs ironische Sentenz aus dem Munde des *Onkel Nolte* verlangt keine solche Aktivität. Die Unterlassung des Bösen genügt, was so viel und so wenig heißt wie: Wer nicht vorbestraft ist, ist gut. Gewiß, es gibt Situationen, in denen der moralische Spielraum des Menschen so eingeengt ist, daß die Unterlassung des Bösen das noch einzig mögliche «Gute» ist.

Onkel Nolte spricht. Aus «Die Fromme Helene», 1872

„Ei ja! — da bin ich wirklich froh!
Denn, gottseidank! Ich bin nicht so!!"

Für derartige Situationen hätte Buschs Sentenz eine bedingte Gültigkeit. Doch gibt es ja auch Menschen, die erst durch die Verrichtung guter Taten selig zu werden hoffen. Eine Umkehrung des nur scheinbaren Moralsatzes läge ihnen schon näher:

> Das Böse, dieser Satz steht fest,
> Ist stets das Gute, was man läßt.

Doch auch diese Umkehrung hätte nur eine begrenzte Gültigkeit, denn die bewußte Ausübung einer bösen Tat übersteigt doch wohl an Bosheit die Unterlassung einer guten. So liegt auf der Hand, daß es sich bei Buschs ironischer Definition des Guten – wie auch bei ihrer Umkehrung – nur um eine Halbheit handelt, während bewußt ausgeübte gute oder böse Taten in diesem Sinne Ganzheiten sind. Mit diesen Randbemerkungen versehen, ließe sich Buschs Sentenz in eine Skala graduierter Möglichkeiten des Guten einordnen, wenn nicht der Dichter selbst dafür gesorgt hätte, daß dem aufmerksamen Leser durch das unauffällige Wörtchen *stets* der Unsinn des Satzes auffallen muß. Dieses *stets* verstärkt noch den Eindruck der selbstgefälligen Sicherheit, die Busch schon in dem vorhergehenden *dieser Satz steht fest* angedeutet hatte, und wodurch die Aussage den Anspruch auf Allgemeingültigkeit erhebt. Und damit verliert der beliebte «Moralsatz» auch die begrenzte Gültigkeit, die er hätte haben können.

In *Eduards Traum*, einer Erzählung, mit der Busch ernst genommen werden wollte, charakterisierte er die menschliche Natur auf eine Weise, die der selbstgefälligen Spießermoral des *Onkel Nolte* widerspricht: *Spaß beiseit, meine Freunde, nur wer ein Herz hat, kann so recht fühlen und sagen, und zwar von Herzen, daß er nichts taugt* – daß er also nicht «gut» ist.[172]

Ironische Zerrspiegel umgeben den Leser fast überall in Buschs Werk; kaum ein Ding ist wirklich das, was es zu sein vorgibt. So ist auch die hier besprochene Sentenz von Gut und Böse eine kunstvolle ironische Verdrehung. Wie aus einem späteren Brief hervorgeht, hatte Busch nicht die Absicht, moralische Grundbegriffe auf den Kopf zu stellen: *Was aber die Worte «gut» und «böse» betrifft, so halt ich's für meine Person nicht angemessen, ihnen den alt ererbten moralischen Sinn zu rauben.*[173]

DER PROSAIST

Wer Buschs Ansichten über die Welt und über den menschlichen Lebenslauf kennenlernen will, braucht sich nur an die beiden Erzählungen *Eduards Traum* und *Der Schmetterling* zu halten. Sie erschienen nacheinander in den Jahren 1891 und 1895 und sind, von einigen Kleinigkeiten und einer Anzahl Gedichte abgesehen, der eigentliche Höhepunkt und die Zusammenfassung des Lebenswerkes. In diesen beiden Erzählungen hat der Dichter alles zusammengetragen, was er bisher in den Bildergeschichten, in Gedichten und Briefen meist andeutungsweise, manchmal direkt ausgesprochen hat. Obgleich ihm diese Erzählungen als Kompendien seiner Lebensanschauung sehr am Herzen lagen, dozierte er nicht in ihnen. Seine Gedanken kommen hauptsächlich in den Erlebnissen der Personen zum Ausdruck, in den Traumbildern des schlafenden *Eduard* und im Schicksal des Bauernjungen *Peter* im *Schmetterling*. Wo er auch einmal in diesen Geschichten seine Lebensansichten direkt ausspricht, geschieht das immer im Narrenkleid seltsamer Personen oder mit der scheinbar kühlen Sachlichkeit ironischer Beschreibungen. Wie aus einem Brief an Lenbach hervorgeht, legte Busch Wert darauf, daß der Leser von selbst darauf kommen solle, was mit einer Sache gemeint sei: *Besten Dank ferner für die freundlichen Worte über meinen kleinen Schnickschnack auf Druckpapier. Viel werden's ihrer nicht sein, denen wie dir in angestammter Hellhörigkeit schon ein leichtes Säuseln der Probleme genügend ist, um sich selbstdenkend zu belustigen. Ein emsiger Schritt des Wortes schien mir heilsam. Durch stilistische Behaglichkeit nach Landesbrauch wär mir meine Sach leicht unpassend dick geworden.*[174] Doch indem Busch von seinen Lesern eine hellhörige Einstellung und die Fähigkeit des aktiven Mitdenkens verlangte, wandte er sich – mehr noch als bei seinen Gedichten – an eine Leserschaft, die nicht unbedingt auch zum großen Kreis der Käufer der Bildergeschichten gehörte. So durfte sich Busch nicht wundern, daß sich das Echo des großen Publikums auf seine Prosaerzählungen keineswegs mit der freudigen Resonanz messen konnte, die das Erscheinen der Bildergeschichten Jahr für Jahr hervorgerufen hatte.

Stilistisch sind *Eduards Traum* und *Der Schmetterling* Raritäten. Epische Breite und romanhafte Verflechtung vieler Schicksale, die genaue Beschreibung des Milieus und individueller Charaktereigenschaften lagen ihm, dem Zeitgenossen großer Erzähler wie Theodor Fontane, Wilhelm Raabe und Gottfried Keller, ganz und gar nicht. Auch bei Gottfried Keller, den er verehrte, äußerte er sich nicht über den umfangreichen «Grünen Heinrich», sondern über kürzere Erzählungen: *Ich selber las eben die Züricher Novellen von Gottfried Keller. Er ist einer der «Reichsunmittelbaren», die das Recht haben, ihre eigenen Münzen zu schlagen, nur fürcht ich, die meisten Leute lassen sein Geld durch die Finger gleiten, ohne zu merken, wie apart das Gepräge ist.*[175] In *Eduards Traum* belustigte er sich über unbedeutendere Konsumschriftsteller, die wie ein Barbier *mit wenig Seife viel Schaum schlagen* können oder *ohne Schwierigkeit ein einziges Eiweiß zu mehr als fünfzig Schaumklößen* aufbauschen.[176] Busch war nicht eitel genug, um seine Beobachtungen in selbstgefälliger Plauderei zu Romanen anschwellen zu lassen, und eine ausführlichere Darstellung menschlicher Lebensläufe hätte diesen eine Wichtigkeit zugestanden, die ihnen seiner Meinung nach nicht zukam. Er bemühte sich in seinen Erzählungen vielmehr um die größtmögliche Kürze, indem er die Ergebnisse lebenslanger Gedankengänge auf ein paar wenige Seiten Prosa destillierte. So empfand er auch die Beschränkung, die er sich selbst auferlegte, nicht nur als ratsam, sondern geradezu als *heilsam*, als Heilung von der am schwersten zu bekämpfenden Dauerseuche, die den Menschen plagt, der Selbstgefälligkeit. Mit dem *emsigen Schritt des Wortes* drückte er aus, daß es sich nicht lohne, über die wunderliche Welt und ihre Bewohner *unpassend dicke* Bücher zu schreiben.

Auch mit den Novellen bekannter Zeitgenossen (etwa Theodor Storm und Paul von Heyse) haben Buschs Erzählungen wenig gemeinsam, selbst wenn Busch die bei Novellen beliebte Technik der Rahmenerzählung anwandte. Doch die «unerhörte Begebenheit», ein wesentlicher Bestandteil der üblichen Novelle, ist in Buschs Erzählungen nicht vorhanden. Die Tatsache des fragwürdigen menschlichen Daseins erschien ihm als so unerhört, daß jede bloße Begebenheit innerhalb eines einzelnen Lebenslaufs nicht weiter bemerkenswert war. In *Eduards Traum* wird die bekannte Welt durch das erhöhte Traumbewußtsein des schlafenden Helden in ein Panorama absurder Erscheinungen verwandelt. Im *Schmetterling* verfolgt Busch den Lebenslauf eines einfachen Bauernjungen, der nach der vergeblichen Jagd auf illusionäre Schmetterlinge sich zur humorvoll resignierten Gelassenheit durchringt.

Gleich zu Beginn von *Eduards Traum* drückt Busch der folgenden Erzählung den satirischen Stempel auf: *Manche Menschen haben es leider so an sich, daß sie uns gern ihre Träume erzählen, die doch meist nichts weiter sind, als die zweifelhaften Belustigungen in der Kinder- und Bedientenstube des Gehirns, nachdem der Vater und Hausherr zu Bette gegangen ... Auch Freund Eduard, so gut er sonst war, hub an, wie folgt.*[177] Und am Ende der Traumerzählung beschließt Busch diesen erzählerischen Rahmen mit gespielter Verschämtheit: *Hiermit beschloß Freund Eduard die Geschichte seines Traumes. Mit der größten Nachsicht hatten wir zugehört. Wir erwachten aus einer Art peinlicher Betäubung . . .*[178] Geschickt erinnert Busch den Leser immer wieder daran, daß er ja nur der Erzählung eines Traums beiwohne, indem er *Eduard* berichten läßt, seine Frau habe ihn während seiner Traumreise öfters mit einem barschen *Eduard, schnarche nicht so* gestört. Sehr originell ist Buschs Einfall, seinen *Eduard* zum *denkenden Punkt* werden zu lassen und ihn sozusagen als eine denkende Abstraktion auf seine wunderliche Traumreise zu schikken. Die Reduzierung der Persönlichkeit des Helden auf diesen selbstbewußten Punkt geht eigentümlich vor sich. Vor dem Einschlafen starrt *Eduard* in das Licht einer Kerze, dann bläst er sie aus, doch das Bild der erloschenen Flamme steht weiterhin vor seinem inneren Auge. Mit noch wachem Bewußtsein fixiert er die Erscheinung: *Und nun, ich weiß nicht wie, passierte mir etwas Sonderbares. Mein Geist, meine Seele, oder wie man's nennen will, kurz, so ungefähr alles, was ich im Kopf hatte, fing an, sich zusammenzuziehn. Mein intellektuelles Ich wurde kleiner und kleiner. Erst wie eine mittelgroße Kartoffel, dann wie eine Schweizerpille, dann wie ein Stecknadelkopf, dann noch kleiner und immer noch kleiner, bis es nicht mehr ging. Ich war zum Punkt geworden.*[179] Als *denkender Punkt* nimmt *Eduard* sich selbst und seine gewohnte Umgebung mit mehr als gewöhnlicher Deutlichkeit wahr, obwohl er doch seine fünf Sinne bei dem schlafenden Körper des *stattlichen Mannes* gelassen hatte, der, *Augen zu, Maul offen*, dem neuen Tag entgegenschnarchte und der Tageswelt als «Eduard» bekannt war. Der erhöhte Bewußtseinszustand des *denkenden Punktes* war *ohne viel Drum und Dran*, das heißt von Sinneswahrnehmungen unabhängig, *was vielleicht manchem nicht einleuchtet*[180]. Die leise Ironie auf ungläubige Leser zeigt – wie immer, wenn Busch sie so dezent verwendet –, daß er hier etwas andeutet, was ihn sehr beschäftigt haben muß; in diesem Fall die Möglichkeit der Bewußtseinserweiterung über die Grenzen der Sinneswahrnehmung hinaus. Das ist eines der Themen Buschs in *Eduards Traum*, auch wenn er, mit der für ihn typischen Schüchternheit in ernsten Dingen, *das leichte Säuseln der Probleme* dann gleich mit dem lauten Klamauk skurriler Einfälle zu übertönen sucht.

Der Vorgang von *Eduards* Bewußtseinsveränderung erinnert an meditative Hilfsmittel, deren sich jemand bedienen mag, der in Regionen vordringen will, die dem Tagesbewußtsein verschlossen bleiben. Abgesehen davon, daß Busch als Sammler von Märchen und Sagen auch viele Geistergeschichten kennengelernt hatte, gibt es genügend Anzeichen, daß er sich gelegentlich für solche Phänomene interessierte, die man heute mit entwaffnender Schlichtheit als Parapsychologie bezeichnet. Wilhelm Busch, der allzeit kühle Beobachter, ließ sich von solchen Dingen nicht kopfscheu machen. Dem spiritistischen Gruseltheater, das des Nachts in manchem gutbürgerlichen Wohnzimmer gespielt wurde, spendete er keinen Beifall. Den Zustand von Justinus Kerners «Seherin von Prevorst» diagnostizierte er kurzerhand als Hysterie, die wohl durch Gegensuggestion hätte geheilt werden können.[181] Busch war durchaus ein Zeitgenosse der großen, positivistischen Wissenschaft, denn er glaubte an die Erklärbarkeit aller Dinge – oder doch zumindest solcher Dinge, die sich im physischen Bereich manifestierten. *Die neuen Mythologen suchen den Volksglauben psychologisch zu erklären; sie gehen aus von der Tatsache des Träumens, besonders des Alpdrückens. Ist auch, so viel ich sehe, die Begründung noch nicht klar und tief genug, so scheint mir der neue Weg doch viel besser zu sein als der alte* (Wunderglaube).[182] Und als Nachschrift zu dieser Briefstelle heißt es: *Wen's gruselt vor hypnotischen Dingen, der müßte sich, mein ich, genauer instruieren. Es geht alles natürlich zu.* – Busch hat sich in seinem Werk oft genug über den Mirakelglauben als Stütze einer zweifelhaften Religiosität mokiert. Was ihn daran ärgerte, war die stillschweigende Annahme, daß bei sogenannten Wundern eine Wirkung ohne vorhergehende Ursache eingetreten sei. Busch wollte nicht einsehen, daß im nichtmateriellen Raum die Logik der Geschehnisse aufhören solle, auch wenn er nicht so engstirnig war, für nicht eindeutig materielle Wirkungen materielle Ursachen zu verlangen. Ihm mußte der erbitterte Kampf der Hie-Geist!–Hie-Materie!-Streiter als semantische und begriffliche Starrheit erscheinen. Er glaubte an die Gültigkeit der Naturgesetze, doch den Begriff Natur dehnte er weit über den künstlichen Zaun der materiellen Erscheinungswelt hinaus. Ein Brief an seinen Bruder Hermann ist aufschlußreich: *Übrigens bin ich bis jetzt noch der Meinung, daß ein- oder zweidimensionale Wesen grad so zweckentsprechend sein würden, wie vierdimensionale; Punkte und Ebenen sind durchaus geisterhaft. – Außer dem Glauben, daß sich die Geister in eine Art Ausdünstung der Medien kleiden, find ich seither im Spiritismus nichts Neues. Schreiben, Klopfen, Fußspuren in Mehl drücken, Ohrfeigen austheilen, Ver- und Entstofflichen haben die Geister von jeher gethan. – Es wird ja wohl Wahrheit d a h i n t e r sitzen. Die neuste Methode, sie hervorzuexperimentieren, kommt mir aber doch etwas kleinlich vor. Dieses Verbinden der Hände ü b e r dem Tisch gestattet doch möglicherweise den Füßen u n t e r dem Tisch eine unpassende Freiheit. Wer beobachten will, darf nicht mitspielen ... falls es in meinem Hause spuken sollte, würd ich dem Dienstpersonal bei Tag und bei Nacht ein peinliches Mißtrauen widmen.*[183]

Hermann Busch

Offensichtlich hielt Busch die Existenz einer geistigen Welt für sehr wahrscheinlich, denn wenn die gewohnte Welt möglich war, warum nicht auch manche andersartige? Die mehr oder weniger banalen Manifestationen geistiger Kräfte waren ihm denn auch kein Grund, im Vollgenuß eines sensationssüchtigen Schauders mit Gänsehaut in die Knie zu sinken. Am 3. Mai 1906, weniger als zwei Jahre vor seinem Tod, schrieb er an Nanda Keßler: *Ein «Hinter-der-Welt» gibt es nun mal. Mir was befehlen zu lassen in meine Seele oder spiritistischen Spuk zu treiben, widerstrebt mir entschieden. So bleib ich bei meinem Glauben und gönne andern den ihrigen.*[184]

Busch benutzte jedoch *Eduards Traum* keineswegs, um darin eine spekulative Konzeption der geistigen Welten zu entwerfen. Die Gegenden, welche *Eduard* als *denkender Punkt* durchstreift, gehören trotz gelegentlicher dimensionaler Veränderungen zur menschlichen Umwelt. Doch mit seinem erhöhten Traumbewußtsein durchdringt *Eduard* die Kulissen auf der Bühne menschlicher Torheiten und beobachtet die Spieler von hinten. Mit verblüffender Schnelligkeit wird der Träumende zuerst vom Schlafzimmer ins *arithmetische Städtchen* versetzt, in dem *die alte intrigante Null* eine ungebührliche Rolle spielte. Von dort aus besucht er das Reich der *Punkte*, dann eine *geometrische Ebene*, auf der auch *der quadratisch Gehaltvollste* nur als *gewöhnlicher Strich erscheint*. Mit einem lustigen Vertikalsprunge begibt sich *Eduard* in die dritte Dimension, *wo geometrische Freiheit herrschte*, dann ins Gebiet der *aparten* (voneinander getrennten) *Körperteile*, danach in eine ländlich unberührte Gegend, deren Bewohner sich aber – Rousseau zum Trotz – sehr schlecht benehmen. Nach einer ohrenbetäubenden *musikalischen Offenbaaarrrung* im Wald kommt *Eduard* in eine große Stadt, die sich ihm von allen schlechten Seiten zeigt. Die Beschreibung dieser allegorischen Weltreise nimmt gewisse Aspekte der Filmtechnik vorweg; das scheinbar unvermittelte Nebeneinander und Überblenden der Einzelbilder ergibt dann doch ein groß angelegtes Mosaik. In der Stadt fliegt *Eduard* vom Bahndamm zur Gärtnerei, vom Börsenjuden zum *Hause eines Antisemiten*, vom Theater zum *ästhetischen Salon*, vom Markt zum *Tempel der Wissenschaft*, zum Museum, in den Kunstverein, und dann auch ins Gebiet der Politik und der sozialen Probleme. Mit einem Ballon entflieht *Eduard* der Erde, schwebt mit lustig-frivoler Neugier zwischen Planeten und Tierkreiszeichen, durchstößt die äußere Kruste der Welt, sieht das Universum mit gemischten Gefühlen von außen und kehrt aus der Kälte des Nichts zur Erde zurück, indem er an der Himmelsachse in gemäßigte Zonen hinabrutscht. Er landet in einer unbekannten Gegend, fährt als Parodie des Odysseus an einer Insel vorbei, die von gealterten Sirenen bewohnt ist, und besucht schließlich einen seltsamen Weisen. Von dort führt ihn sein Weg in eine allegorische Landschaft der Sünde und der Erlösung, aus der ihn am Ende ein Teufel in den offenen Mund eines schlafenden stattlichen Mannes zurückjagt, in die eigene irdische Persönlichkeit. Die Stimme seiner Frau und lockender Kaffeegeruch geben ihn der Tageswelt wieder.

Wolfgang Kayser nannte *Eduards Traum* ein «vergleichbares Gegenstück» zu den «Nachtwachen des Bonaventura».[185] Und in der Tat, grotesk ist vieles in diesem sonderbaren Werk, wie zum Beispiel die Darstellung des *Gebiets der aparten Körperteile* : *Zunächst geriet ich in ein Kommunalwesen von lauter Köpfen, die sich auf der Höhe eines Berges in einem altdeutschen Gehölze eingenistet hatten. Hinter jedem Ohre besitzt jeder einen Flügel … An den Sümpfen herum sitzen die Wasserköpfe, blinzeln träge mit den Augen und lassen sich die Sonne ins Maul scheinen. Querköpfe, welche die Eitelkeit einer Meinung besitzen, streiten und stoßen sich in der Luft herum; fast jeder hat Beulen grün und blau. Sie leben vom Wind. Was sie sonst brauchen, verdienen sie sich als Redner und Bänkelsänger. Zum Ohrfeigen, zum Hinausschmeißen, zum Balbieren und Frisieren mieten sie sich die geeigneten Hände; ebenso, um sich die Nase putzen zu lassen, was besonders kostspielig, wenn einer den Schnupfen hat. Hosenstoffe brauchen sie keine …*[186] Mit diesem allegorischen Bild bezog sich Busch auf die bekannte mittelalterliche Vorstellung von der Ordnung des sozialen Organismus, dessen einzelne Teile den Sinn ihres Daseins nur im Miteinander und Füreinander spezifischer Funktionen erhalten. In der grotesken Abwandlung dieser Vorstellung in *Eduards Traum* wird die Zusammenarbeit der *aparten Körperteile* auf ein bezahltes Dienstverhältnis beschränkt, das heißt der einzelne tut nur gerade so viel für die Allgemeinheit, als für die Befriedigung seiner eigenen Bedürfnisse notwendig ist. Zwar charakterisiert Busch in dieser Allegorie auch die auseinanderstrebende Industriegesellschaft seiner Zeit, jedoch nur im Rahmen seiner Kritik an jeder Form des Zusammenlebens beseelter Daseinsmöglichkeiten. Denn seiner Ansicht nach war jedes *Kommunalwesen* von der Disharmonie seiner egoistischen Teile gezeichnet, einer Eigenschaft, die allem, was lebt, anhaftet. *Nichtwollen, Ruhe wär' das Beste*, schrieb er einmal an Maria Anderson – wohlweislich im Konjunktiv, denn, im Gegensatz zu Schopenhauer, glaubte er ja nicht an diese Möglichkeit.[187]

Eine andere Szene in *Eduards Traum* beschreibt den Besuch des Helden im Reich der Behaglichkeit, einem utopischen sozialen Gebilde, in welchem die Ausbohrung der *Konkurrenzdrüse* obligatorisch ist. Die Wissenschaftler haben hier in einmütiger Zusammenarbeit ein Reich der Harmonie geschaffen, in dem *jeder gleich wenig tut und gleich viel hat: Mit dem Gedrängel und der Haßpasserei war's aus daselbst. Man gönnte jedem seine Schönheit und seine Gescheitheit und seine Frau auch, sie mochte so verlockend sein, wie sie wollte, und ob die Grete den Hans kriegte, oder den Jochen, oder den alten Nepomuk, das war ihr und überhaupt jedem egal. Diese wohldurchdachte Gemeinschaft* hatte *unsern Herrgott und seine zehn Gebote nicht mehr nötig.* Das Lachen, *diese aufrichtige Freude an der Bestätigung unserer überwiegenden Konkurrenzfähigkeit*, hatte in der wettbewerbsfreien Gesellschaft seinen Sinn verloren.[188] Nachdem aber das Leben ohne den lästigen Lebenswillen nicht möglich ist, starben mit der Ausbohrung der *Konkurrenzdrüsen* nicht nur die Exzesse der egoistischen Willensentfaltung, sondern die Lust am Leben überhaupt. Eine lähmende Langeweile machte das Leben in der rationalistisch-sozialistischen Welt unerträglich und trieb die Bewohner zum Selbstmord: *An jedem Baum hing wer.*

Man mag in diesen Darstellungen der willensbetonten Konkurrenzgesellschaft einerseits und der sozialistischen, geplanten Langeweile andererseits eine politische Aussage Wilhelm Buschs entdecken wollen. In Wirklichkeit hat er aber nur die Skylla und Charybdis der Schopenhauerschen Philosophie bildhaft beschrieben: den Willen, der zwar auf Lustbefriedigung ausgerichtet ist, im Endeffekt aber nur Unlust bereitet, weil die Lust als Dauerzustand unerreichbar bleibt, und die Langeweile, die sich einstellt, sobald auch die Unlust nachläßt. Busch zog seine Schlüsse aus allgemein anwendbaren philosophischen Erwägungen und hat sich nicht viel um politische Strömungen gekümmert. Die Ungleichheit in der Verteilung des irdischen Glücks im allgemeinen und der materiellen Lebensgüter im besonderen veranlaßte ihn nicht etwa zu sozialen Anklagen oder programmatischen Forderungen, wie es angesichts der wachsenden Sozialdemokratie nicht unzeitgemäß gewesen wäre, sondern nur zu einem kopfschüttelnden Lachen über eine Welt, in der die Dinge so absonderlich beschaffen waren. Viel zu gründlich war er von der hoffnungslosen Schlechtigkeit des Menschen überzeugt, als daß er sich von einer Umorganisation des Gesellschaftssystems etwas versprochen hätte. Eine Neuordnung der Institutionen hätte den Menschen seiner Ansicht nach weder erträglicher noch verträglicher gemacht, denn als unglücklicher Besitzer eines *Konkurrenzgetriebes*, das von äußeren Umständen unabhängig ist, würde er auch weiterhin mit allen anderen Konkurrenzmaschinen in Konflikt geraten. Dem pessimistischen Realisten, dem schon die Emanzipationswünsche der Frauen weder sinnvoll noch aussichtsreich erschienen, mußten auch die klassenkämpferischen Ziele einer marxistisch orientierten Arbeiterklasse illusorisch erscheinen, weil sie den Lebens-Egoismus als Grundtatsache und Grundübel der menschlichen Natur – und aller Natur überhaupt – ignorierten. In einem Brief berichtete er einmal, daß er auf französisch den Roman «Paris» von Zola gelesen habe: *Nicht Wohltätigkeit, sondern Gerechtigkeit, lautet die Parole. Ja, wenn's man ginge.*[189] Daß er aber trotzdem die Problematik der brutalen Industriegesellschaft durchschaute und keineswegs beschönigte, ist aus einer anderen Stelle in *Eduards Traum* ersichtlich:

Eben kam der nachmittägliche Kurierzug über die Brücke dahergebraust.

Im ersten Kupee hatte ein gewiegter Geschäftsmann Platz genommen, der, nachdem er seine Angelegenheiten geregelt hatte, nun inkognito das Ausland zu bereisen gedachte.

Im zweiten Kupee saß ein gerötetes Hochzeitspärchen; im dritten noch eins.

Im vierten erzählten sich drei Weinreisende ihre bewährten Anekdoten; im fünften noch drei; im sechsten noch drei. –

Sämtliche noch übrige Kupees waren voll besetzt von einer Kunstgenossenschaft von Taschendieben, die nach dem internationalen Musikfeste wollten.

Auf dem Bahndamme standen mehrere Personen. Ein Greis ohne Hoffnung, eine Frau ohne Hut, ein Spieler ohne Geld, zwei Liebende ohne Aussichten und zwei kleine Mädchen mit schlechten Zeugnissen. Als der Zug vorüber war, kam der Bahnwärter und sammelte die Köpfe. Er hatte bereits einen hübschen Korb voll in seinem Häuschen stehn.[190]

Aus dieser Darstellung spricht mit lapidarer Anti-Theatralik das unterkühlte Entsetzen, das Gefühl des Absurden. Sie läßt den Leser

Aus «Der Schmetterling», 1895

fühlen, daß die soziale Problematik der Zeit den Dichter beschäftigt haben muß. Die Leute im Zug sind entweder auf der Plus-Seite des damaligen Wirtschaftswunders zu Hause, oder es sind doch welche, die immerhin noch Hoffnung haben, an den Segnungen der Fabrikzivilisation teilnehmen zu können. Die Leute auf dem Bahndamm haben diese Hoffnung aufgegeben. Der Greis ist zu alt, um Illusionen zu haben, die Frau ist ohne Hut, das heißt sie gehört nicht, oder nicht mehr, zur sogenannten guten Gesellschaft prachtvoll aufgetakelter «Madams», der Spieler ist ohne die Mittel, seiner Leidenschaft nachkommen zu können, die Liebenden ohne Hoffnung auf ein menschenwürdiges Zusammenleben, die kleinen Mädchen sind durch ihre schlechten Zeugnisse dazu verdammt, bestenfalls als Fabrikarbeiterinnen zu verkümmern. Sie alle sind Verlorene, die ganz sprichwörtlich unter die Räder kamen. In der Industriegesellschaft, die Busch hier beschreibt, gibt es nur Allzu-Gescheite und Gescheiterte.

Nachdem Busch seinen träumenden Helden hinter den Kulissen der Erscheinungswelt herumgeführt hat, läßt er ihn einen seltsamen *Naturphilosophen* besuchen, dessen mechanische Apparate den Besucher in den *Kreislauf der Dinge* einführen sollen. Am interessantesten ist ein künstlicher Fischreiher, der, in einer mit Wasser gefüllten Schale stehend, immer wieder einen Aal verschluckt, der gleich darauf hinten wieder herausfällt, um wiederum verschluckt zu werden. Diese seltsame mechanische Re-Inkarnationsmaschine läßt auf Buschs Belesenheit schließen. Der Fischreiher ist ein Heron, zu welcher Vogelfamilie auch der Ibis gehört. Der letztere ist das Attribut des ägyptischen Gottes Thot und hat das Weltei gelegt; er ist der Anfang aller Dinge. Heron ist außerdem der Name eines griechischen Mathematikers um 100 v. Chr., der als Erfinder des sogenannten

Heronbrunnens bekannt ist und eine Einführung in die Mechanik geschrieben hat.[191] Das Wasser in der Schale repräsentiert Lethe, den Fluß der griechischen Unterwelt, der die wiedergeborenen Lebewesen ihre vorherigen Inkarnationen vergessen läßt.

Die Erzählung schließt mit einem ausgedehnten allegorischen Bild. *Eduard* durchwandert eine Landschaft, deren Pole der Tunnel der Verdammnis und der Berg der Erlösung sind. Die Verdammten, die ihr Leben im Wirtshaus des Teufels verjubelt haben, werden vom Tod auf einem Gefährt in den Tunnel hineingefahren. Es ist anzunehmen, daß der Tunnel am anderen Ende auch eine Öffnung hat und daß die Verdammten einer Wiedergeburt auf der anderen Seite des Berges entgegenrollen. Die Erlösten sind diejenigen, welche das triebhafte, irdische Wunschleben abgetötet haben. Sie wandeln auf dem schmalen Pfad zur Bergstadt, vorbei an Philosophen, die jeder im wahrsten Sinne auf ihrem Standpunkt stehengeblieben sind und nicht weiterkommen. *Eduard* meint, er könne mit den stillen Pilgern ebenfalls in die Bergstadt gelangen, doch als einer von ihnen zu ihm sagt: *Armer Fremdling! Du hast kein Herz!*, bleibt er verblüfft stehen und sieht den Pilgern nach, bis sie durch ein enges Pförtchen in der Bergstadt verschwinden.[192] Zehn Jahre vor dem Erscheinen von *Eduards Traum* schrieb Busch an seinen Freund Hermann Levi: *Das Gespräch, welches wir irgendwo bei einer Kirche begannen, soll noch nicht aus sein; aber Das weiß ich zuvor: Bloß als edler Kulturfreund kommt Keiner durch die enge Pforte u. fürs Maskieren zu spaßhaftem Zwecke ist wohl Mancher zu alt.*[193]

Als *Der Schmetterling* entstand, war Busch schon in den frühen Sechzigern, und so zeigen die einleitenden Sätze zu dieser Erzählung schon deutlich die Einstellung eines alternden Menschen, der es auf-

Der einbeinige Peter. Aus «Der Schmetterling»

gegeben hat, bündige Antworten über das Rätsel des Lebens zu erhalten: *Kinder, in ihrer Einfalt, fragen immer und immer: Warum? Der Verständige tut das nicht mehr; denn jedes Warum, das weiß er längst, ist nur der Zipfel eines Fadens, der in den dicken Knäuel der Unendlichkeit ausläuft, mit dem keiner recht fertig wird, er mag wickeln und haspeln so viel er nur will.*[194] Diesem treffenden Vergleich aus dem Bereich simpler Gebrauchsgegenstände ließ Busch den oft zitierten Satz folgen: *Was im Kongreß aller Dinge beschlossen ist, das wird ja wohl auch zweckgemäß und heilsam sein.* Man könnte diesen Satz als Ausdruck eines unkomplizierten Glaubens an die Weltordnung auffassen, wenn Busch nicht vorsorglich das heimlich zweifelnde *ja wohl* eingefügt hätte. Dies *ja wohl* erinnert den Leser daran, daß die Erscheinungsformen des Lebens zu unverständlich sind, als daß der einfache Glaube an ihren verborgenen Sinn so ohne weiteres ausreicht. Mit dem *ja wohl* reduziert Busch den Glauben zur Hoffnung, zu einer Hoffnung allerdings, daß sich hinter dem anscheinenden Un-Sinn des Lebens doch noch ein Sinn verbergen möge, das heißt, daß der anscheinende Un-Sinn nur scheinbar ist.

Die Lebensgeschichte des Bauernjungen *Peter* ist daher auch eine Chronik des fortschreitenden Verlusts der Illusionen. Mit einem Netz in der Hand läuft *Peter* von zu Hause fort, um einem bunten Schmetterling nachzujagen. Er fängt ihn nie. Ziellos irrt er in der Welt umher, wird betrogen, kommt in sklavische Abhängigkeit zu einer schönen Hexe, verliert alles, bis er am Ende wie zufällig ins Elternhaus zurückkehrt, das inzwischen andere Besitzer hat. Er ist nun alt, ohne Illusionen, hat einen Hexenschuß und ist einbeinig. Doch bei den neuen Besitzern des elterlichen Gehöfts führt er sich als *Fritz Fröhlich* ein und beendet dort als wohlgelittener *Humpelfritze* sein Leben in heiterer Zufriedenheit.

Buschs Ziel einer teils resignierenden, teils lächelnden Wunschlosigkeit wurde in *Eduards Traum* als Möglichkeit aufgezeigt, doch erst der im äußeren Leben gescheiterte Bauernjunge *Peter* erreicht diesen ersehnten Zustand im *Schmetterling*. Der Schöpfer dieser Geschichten bemühte sich, es seinen Geschöpfen gleichzutun. Schon im Jahre 1889, zwei Jahre vor dem Erscheinen von *Eduards Traum*, hatte er einen Brief geschrieben – er ist leider nur als Bruchstück einer Abschrift erhalten – an Alexander Günther, einen Bekannten, der ihm auf einer seiner seltenen Auslandsreisen in Rom Führerdienste geleistet hatte: *... Sie sich fern oben auf zackigem Berg aus altem Getrümmer ein Bauwerk zurecht gemörtelt, was wohl geeignet scheint, die inwendigen Querelen hinauszuscheren, um sodann von der Zinne ins schöne Land zu schauen, in einer Gemüthsverfassung, die wir schlechtweg Zufriedenheit nennen. In der Ebene, in ungleich bescheideneren Verhältnissen, hab auch ich mir, sozusagen, eine ähnliche Verfassung gegeben, indem ich mit Hülfe der zähmenden Zeit, halb müssend, halb wollend, die übermütigen Wunschrößlein gezügelt und nunmehro in meinem Karren ohne Gerumpel einstweilen dahin fahre. Einstweilen und ungefähr so. Sollten doch Zufriedenheit, Glück, Freiheit und dergleichen überirdische Wörter für hieniedene Dinge eigentlich nicht gebraucht, sondern über die Grenze verwiesen werden, wo das Gebiet der Hoffnung seinen Anfang nimmt...*[195]

Als Busch seine Wohnung in Frankfurt aufgegeben hatte, verlegte er seinen Hauptwohnsitz nach Wiedensahl, wo er sich bei Bruder Adolf und seiner Frau Johanne im Elternhaus einrichtete... Dort überarbeitete er den Text der «Jobsiade» von Karl Arnold Kortum, einem satirischen Versepos aus dem 18. Jahrhundert. Die Illustrationen hatte er noch in Frankfurt fertiggestellt. Aus Kortums Parodie des früher so beliebten Erziehungsromans wurde eine Bildergeschichte Wilhelm Buschs, deren Text größtenteils von ihm stammt. Auf dem Büchermarkt stellte sich die Geschichte ganz bescheiden als *Bilder zur Jobsiade* vor. Auf Kortum zurückzuführen ist die Tatsache, daß in der Person des Kandidaten Jobst zur Abwechslung auch einmal die protestantische Geistlichkeit verspottet wird.

Das Verhältnis zu Bruder Adolf und seiner Frau war jedoch nicht gut. Nach einem halben Jahr zog Busch ins Wiedensahler Pfarrhaus zu seiner Schwester Fanny und dem Schwager Hermann Nöldeke. Nachdem Vater Busch im Jahre 1868 gestorben war, hatte es zwischen den Kindern Erbschaftsstreitigkeiten gegeben. Adolf hatte das Geschäft übernommen und es scheint, als habe er schließlich um des lieben Friedens willen eine für ihn ungünstige Erbschaftsregelung

akzeptiert. Seine Frau Johanne hatte trotzdem für den berühmten Schwager gesorgt; selbst während seiner Frankfurter Zeit hatte sie ihm Eßpakete mit Wiedensahler Delikatessen geschickt und für ihn Hemden genäht. Als er ins Pfarrhaus zog, kam es zum endgültigen Bruch.

Im Sommer 1878 starb Pfarrer Hermann Nöldeke, und Busch zog mit seiner Schwester und ihren Söhnen ins Pfarrwitwenhaus. Indem er nun als «Onkel Wilhelm» die Erziehung seiner drei Neffen, Hermann, Adolf und Otto, überwachte, wurde ihm ein unerwarteter Aufgabenkreis zuteil, der ihn vielleicht vor frühzeitiger Vergreisung bewahrte und gleichzeitig der vaterlosen Familie eine willkommene Stütze bedeutete. Man gab sich allerdings auch die größte Mühe, die Eigenheiten des neuen Hausvaters zu respektieren und ihm die notwendige Stille zu geben, die er nicht nur für seine Arbeit, sondern auch für sein inneres Gleichgewicht brauchte. Wie es scheint, hat der Junggeselle seine erzieherischen Aufgaben vorbildlich erfüllt, wohl mit der ruhigen, vielleicht etwas distanzierten Gewissenhaftigkeit, wie sie in seiner Familie üblich gewesen war. Seinen drei Neffen blieb er bis an sein Lebensende als Freund und Berater zugetan. Wenn seine jährlichen Rundreisen im Alter immer kleinere Kreise zogen, besuchte er doch immer die Neffen, die inzwischen, jeder an einem anderen Ort, mit ihrer beruflichen Tätigkeit begonnen und Familien gegründet hatten.

Doch vor der Übersiedlung ins Pfarrwitwenhaus reiste er 1879 wieder einmal nach München. Wie zuvor *verhockte* er viele Nächte mit den alten Freunden im Künstlerverein Allotria, fand aber trotzdem Zeit, an der Bildergeschichte *Fipps der Affe* zu arbeiten. Das frühere Vergnügen an der künstlerischen Geselligkeit wollte sich diesmal nicht so recht einstellen: *Ich lebe hier noch immer so hin,*

Fanny Nöldeke, geb. Busch

ohne eigentlich recht bei der Sache zu sein. Zwei Mal Mittags in der Woche esse ich bei Lenbach, sonst in der hübsch getäfelten Restauration des neuen Kunstgewerbehauses, wo zuweilen Freund Hanfstängl sich zu mir findet. Abends bin ich bei Piloty, Fritz Kaulbach, meinem Verleger Bassermann oder in der Künstlergesellschaft. Der kontemplative Dorfbewohner aus dem norddeutschen Flachland ließ sich aber von den Geselligkeiten in Künstler- und Freundeskreisen nicht abhalten, die kulturellen Darbietungen der süddeutschen Kunststadt mit kritischem Verstand zu genießen. *Nur einmal bis jetzt kam ich vor Mitternacht zu Haus, stehe in Folge dessen vor Acht Uhr nicht auf...*[196] Ein nach weiteren neun Wochen geschriebener Brief zeigt, daß er sich dann doch von der kulturellen Geselligkeit mitreißen ließ: *Die Zeit wirbelt mich mit Gesellschaften, Theater und Musik so rapid dahin, daß ich mich kaum recht besinnen kann.*[197] Ein paar Wochen später raffte er sich auf und kehrte nach Wiedensahl zurück, um sich im Pfarrwitwenhaus bei seiner Schwester eine *leidlich gemüthliche Ecke* einzurichten.

Im Jahre 1879 beendete er in Wiedensahl die Arbeit am *Fipps*, besuchte seinen Jugendfreund, den Müller Erich Bachmann in Ebergötzen, seinen Bruder Gustav in Wolfenbüttel und Bruder Hermann in Celle. Im Mai starb in Frankfurt der jüngste der Brüder, Dr. phil. Otto Busch, nachdem er elf Jahre lang bei Keßlers als Hauslehrer tätig gewesen war. Gustav und Hermann Busch fuhren zum Begräbnis, Wilhelm Busch nicht. «Eine zwischen Wilhelm Busch und seinem Bruder Otto sowie Frau Keßler eingetretene ernste Verstimmung hatte schon vorher den Besuchen in Frankfurt und dem Briefwechsel dorthin ein Ende gemacht», berichtete der Neffe Otto Nöldeke.[198] Die gespannte Stimmung zwischen den Brüdern hatte weniger mit

Bruder Dr. Otto Busch

Frau Keßler zu tun als mit der Tatsache, daß Otto durch die Vermittlung seines erfolgreichen Bruders bei Bassermann ein Buch über Schopenhauer veröffentlichte, das schon der Kritik des älteren Bruders nicht standgehalten hatte und ein katastrophaler Mißerfolg wurde.[199]

Im Jahre 1880 fuhr Busch dreimal nach München, teils aus geschäftlichen Gründen, teils aus einer inneren Ruhelosigkeit heraus, die dem Ausbruch einer gesundheitlichen Krise vorausging: *Den Monat August hab ich sehr wider Willen in München zugebracht. Das Hoftheater war geschlossen, die Bekannten zum Theil auf dem Land; dazu fast immer Regenwetter.*[200] Die äußere Misere entsprach der inneren Situation. Das Verhältnis zu dem alten Freund und Verleger Bassermann, mit dem er in München geschäftliche Besprechungen führte, war im Laufe der Jahre recht gespannt geworden. Dem gewiß nicht böswilligen Freund gegenüber fühlte er sich in geschäftlichen Dingen unsicher: *Du kennst meine Unbeholfenheit in Geschäftsangelegenheiten*, schrieb er ihm ein Jahr später.[201] Er plagte seinen Geschäftspartner mit einem Argwohn, den dieser wohl nicht verdiente. Immerhin war er am Bruttogewinn aus dem Verkauf seiner Werke mit 45 % beteiligt. Doch mit seinen dauernden Bedenken und Sonderwünschen stand er dem Verleger geschäftlich im Wege. Dieser für Busch und für Bassermann gleichermaßen ärgerliche Zustand zog sich hin bis zum 6. November 1896, als der Autor dem Verleger anbot, ihm alle bisherigen Werke für eine einmalige Abfindung zu überlassen. Der Grund dafür war unter anderem eine neue preußische Steuergesetzgebung, die vom Steuerzahler die Selbsteinschätzung seines Einkommens verlangte; eine Pflicht, die dem peinlichst gewissenhaften Busch zur nervenaufreibenden Plage wurde, zumal er sich weder von seinen Neffen noch von seinem Bruder Her-

Wilhelm Busch (stehend) mit seinem Bruder Gustav, seiner Schwägerin Alwine und Grete Fehlow

Otto Bassermann

mann, der immerhin Mathe-
matiklehrer war, helfen ließ:
*Ich habe die Nächte durchge-
sessen und Zinseszinstabellen
gerechnet, daß mir der Schweiß
an den Ohren herunterlief, und
ich hab's doch nicht fertigge-
bracht. Ich will mit diesen Dingen nichts mehr zu tun haben.
Meine Welt ist die Welt der
Phantasie, und darin will ich
nicht gestört sein.*[202] Bassermann bot seinem Erfolgsautor
50 000 Mark, und Busch akzeptierte sofort. Der Verleger kam
persönlich nach Wiedensahl und
ermahnte seinen alten, nun
manchmal etwas grämlichen
Freund mit gutem Grund: «Du darfst dich nun aber nicht ärgern,
wenn ich mit deinen Sachen viel Geld verdiene.»[203] Otto Nöldeke
berichtet, sein Onkel habe geantwortet, er werde es ihn bestimmt
nicht wissen lassen, wenn er es täte. Wie es vorauszusehen war, hat
er sich dann doch geärgert, denn Bassermann, der nun nach eigenem
Ermessen handeln konnte, erzielte mit den Werken seines Freundes
immer größere Auflagen. Immerhin mußte sich der damals fünfund-
sechzigjährige Busch keine finanziellen Sorgen machen. Nach Otto
Nöldeke belief sich sein damaliges Vermögen einschließlich der Ab-
findungssumme auf 301 330 Mark.
Während der dritten Münchener Reise des Jahres 1880 entstand
die Freundschaft mit Hermann Levi, durch den er auch Richard
und Cosima Wagner kennenlernte: *In den letzten Münchener Wochen
wurde viel gewagnert, und ich habe mir diese sonderbaren Menschen
nun auch recht genau besehn, sowohl mit den Augen, wie mit den
Ohren.*[204] Doch mehr als nach neuer Anregung sehnte er sich
nach Ruhe. Nach seiner Rückkehr in Wiedensahl schrieb er an Kaulbach: *Nur scheint der Hang zur Einsamkeit, wie die Glatze, immer
größer zu werden. Ich wünschte fast noch tiefer in der Heide zu sitzen, da wo der Birke spärliche Locken im Winde wehn.*[205] Er meinte,
er werde so bald nicht wieder nach München fahren, doch schon nach
wenigen Wochen machte er im Februar wieder Reisepläne. Nun kam

allerdings zu seinem depressiven Zustand eine gesundheitliche Krise hinzu – man sprach wieder von einer Nikotinvergiftung, die ihn während des Jahres 1881 heimsuchte und ihm bis Ende Januar 1882 zu schaffen machte. Er wollte sich aber nicht unterkriegen lassen und schrieb an Bassermann am 17. März 1881: *Schüttelfrost, Appetit- und Schlaflosigkeit hatten mich recht elend gemacht. Seit vorgestern ist es aber besser, und ich gehe bei dem guten Wetter wieder hinaus. Vielleicht ist eine Luftveränderung günstig. Ich denke, daß ich in einigen Tagen doch reisen kann.*[206] Man darf wohl annehmen, daß die häufigen persönlichen Geschäftsbesprechungen mit seinem Verleger nicht so dringlich waren, zumal Busch in den Jahren 1880 und 1881 nur zwei kleinere Sachen für Kinder angefertigt hatte, *Stippstörchen* (= Märchen) *für Äuglein und Öhrchen:* und *Der Fuchs – Die Drachen*, die sich beide schlecht verkaufen ließen. Für Bassermann waren diese Besprechungen sicherlich kein Vergnügen. Als Busch im März 1881 trotz seines schlechten Befindens wieder nach München kam, war er ein reizbarer Gesellschafter, der die Veranstaltung eines Hypnotiseurs im Künstlerhaus durch Zwischenrufe störte und danach noch eine Szene machte. Nach drei Wochen in München verließ er die Stadt, die in seinem Leben so viel bedeutet hatte, und kehrte nie wieder.[207]

Im der Stille von Wiedensahl widmete er sich dem Zeichnen nach der Natur und der Malerei, empfing den Besuch des Freundes Lorenz Gedon, dessen heiteres Gemüt ihm wohltat und dessen bajuwarischer Bierkonsum bei den niederdeutschen Bauern respektvolles Staunen auslöste. In Wolfenbüttel traf er sich mit Hermann Levi, der in seiner inneren Bedrängnis bei dem scheinbar so unerschütterlichen Freund Hilfe suchte. Im Hause seines Bruders Gustav lernte er Grete Fehlow kennen, eine junge, lebensvolle Nichte seiner Schwägerin, die den berühmten Onkel mit ihrer ungestümen Aufmerksamkeit aufheiterte. Noch im selben Jahr reiste er mit Bruder Hermann nach Berlin, um dort die Familie Fehlow zu besuchen. Nach Wiedensahl zurückgekehrt, arbeitete er an *Plisch und Plum*. An seinen Verleger, der hoffte, sein Autor werde nun endlich wieder eine Bildergeschichte für Erwachsene abliefern, schrieb er: *Das Neue, woran ich arbeite, wächst sich langsam zu einem Kinderbüchlein aus. – Aber sonst? Ja, lieber Freund, ich bin alt geworden, und um wahr gegen dich zu sein: ich glaube zu den Büchern für große Leute kommt so bald nichts hinzu.*[208] Die neue Bildergeschichte wurde dann doch wieder ein großer Erfolg, denn sie enthielt in der endgültigen Fassung genug, was nicht nur Kinder, sondern auch Erwachsene belustigen konnte.

Im November 1881 überfielen Busch wiederum Krankheit und Depressionen. Der Arzt stellte ein chronisches Magenleiden fest. Stärker denn je empfand der nun neunundvierzigjährige Junggeselle die Unerfüllbarkeit mancher Wünsche und die Auflösung langgehegter Illusionen: *So ist es leider mit unserer Lebenszeit. Erst trägt sie uns und spielt mit uns und deutet in die Hoffnungsferne; dann geht sie Arm in Arm mit uns und flüstert gar hübsche Dinge; aber so zwischen vierzig und fünfzig, da hängt sie sich plötzlich als Trud auf unsere Schultern, und wir müssen s i e tragen. – Auch mir fängt's an ungemüthlich zu werden auf dieser Welt; Madam rosa Phantasie empfiehlt sich reisefertig durch die Vorderthür und herein durch die Hinterthür tritt Madam Schwarz. – Ich leide wieder, wie im Frühjahr, an Appetit- und Schlaflosigkeit.* Wer die letztere kennt, weiß, was für ein böses, verdrießliches, endloses Chaos einen Menschenkopf beunruhigen kann. In diesem Zustand klammerte er sich an das einzige, was Bestand zu haben schien: *Wäre dies nun wohl der Augenblick, all das Gute aus der Seele zu tilgen, was mir widerfahren? Die lieben herzigen Menschen vergessen, die mir freundlich begegnet sind?* [209] Offenbar nicht. Er begab sich nach Wolfenbüttel zu einer Bäderkur, und bald ging es ihm wesentlich besser: *War auch zu scheußlich, den Kopf alleweil voll Watte zu haben, daß kein lustiger Floh darin hupfen kunnt. – Jetzt heißt's kritzekratze und an die sogenannten Arbeiten, daß nachgeholt wird, was seither verpaßt wurde.* [210]

Buschs innere Auseinandersetzung mit den Problemen Alter und Tod wurde in den achtziger Jahren der Höhepunkt einer schon frühzeitig begonnenen Beschäftigung mit diesem Thema. Zu Beginn seines absteigenden Lebensabschnitts wurde das, was ihm vorher wohl nur ein abstraktes, philosophisches Problem gewesen war, zur Konfrontation mit Realitäten, die es zu akzeptieren galt. Er hatte ja schon früher festgestellt, daß *kein philosophischer Schlüssel zur Ausgangstür* (des Todes) passe, doch erst allmählich brachte er sich dazu, dem Öffnen der Todespforte mit Gelassenheit entgegenzusehen. An Kaulbach berichtete er über einen Besuch bei seinem alten Freund Erich Bachmann in Ebergötzen: *Fast unverändert lag's da auf beiden Seiten des Bachs an und zwischen den zwei Hügeln, wie ehedem. Aber wie hat dagegen das Verändernde die Bewohner verarbeitet. Die alten Wohlbekannten alle weg: die damals Jungen, darunter ich, jetzt alt und auch rücksichtslos so genannt, wie's denn auch wahr ist. Dahinter der junge Nachschub, bereit, seine Vordermänner bei passender Gelegenheit in schwarze Kisten zu verpacken und in's Suterräng zu bringen. Es geht schnell, wenn man so umschaut. Man betrachtet mit Wehmut das spielende Kindervolk, mit staunender Genugthuung sehr Alte, die es ausnahmsweise so lang ausgehalten, ohne schwach zu werden.* [211] Der Briefschreiber war erst 54 Jahre alt.

Aus «Der Bauer und sein Schwein» («Bildergeschichten», 1. Teil)

Die grauenvollste Manifestation des Todes war ihm, dem lebenslangen Dorfbewohner, das Schweineschlachten. In seinen Briefen hat
er es mehrfach beschrieben: *Das Leiden, die Marter hat vielmehr etwas schauderhaft Anziehendes, es bewirkt Grauen und Ergötzen zugleich. – Haben Sie jemals den Ausdruck von Kindern bemerkt, wenn
sie dem Schlachten eines Schweines zusehen? – Nein? – Nun, so rufen Sie sich das Medusenhaupt vor die Seele. Tod, Grausamkeit, Wol-
lust – hier sind sie beisammen.*[212] – Maria Anderson, welche die
Euthanasie als Ausdruck besten Menschentums verteidigte, war die
Empfängerin dieses Briefs. Einige Jahre später erhielt Lenbach eine
Beschreibung des Schweineschlachtens, in welcher der Autor jede Pha-
se des gräßlichen Vorgangs intensiv mitleidend erzählt – nicht ohne
Elemente der Komik, um das Grauen verkraften zu können: *Nur
einmal, noch ganz in dunkler Früh, wurd ich aufgeschreckt und
schmerzhaft horchend wach erhalten durch die Wehklagen eines der
vielen Schweine, welche der Genußsucht alljährlich zum Opfer fallen.
Jetzt wird's herausgezerrt aus dem lieben, duftenden Stalle; jetzt
liegt's geknebelt; jetzt der Stich; Notwehr geboten und heftig aus-
geübt; Blutverlust fast beruhigend, scheint's; dann aber erst recht,
dicht vor der Todesgewißheit, der höchste, gräßlichste Unmuth; dann
röchelnde Entsagung; zuletzt Stille mit Nachdruck. Die Metamor-
phose in Wurst kann beginnen. Wahrlich! Gewisse Dinge sieht man
am deutlichsten mit den Ohren.*[213]

Die Möglichkeit des Verlusts der Individualität im Tode beun-
ruhigte ihn stark: *Moltke's Tod hat mich beklemmt. Man verspürt*

Die Verflüssigung des «Eispeter». Aus den «Bilderpossen», 1864

Weltschmerz, wenn man sieht, wie die Bildnerin Natur auch ihre besten Arbeiten in den großen Thonkübel zurückwirft und sie ein-
stampft mit den Andern.²¹⁴ Sein Glaube an die Wiedergeburt enthielt in dieser Hinsicht nichts Tröstliches:

> *Die Lehre von der Wiederkehr*
> *Ist zweifelhaften Sinns.*
> *Es fragt sich sehr, ob man nachher*
> *Noch sagen kann: Ich bin's.²¹⁵*

Neben allem andern ist Buschs Werk auch eine Chronik seiner in-
tensiven Beschäftigung mit Schmerz und Tod. In der Tat, das Schicksal seiner geplagten *Phantasiehanseln* gleicht häufig einem Spießru-
tenlauf durch eine stachlige, feindliche Welt, der oft genug mit einem
bizarren Tod endet. Bei aller Verschiedenheit der Einzelheiten haben
viele dieser Todesfälle etwas Wesentliches gemeinsam: die Opfer verlieren im Moment des Todes ihre gewohnte Gestalt. Sie gefrieren
zu grotesken Gebilden, zerschmelzen, zerspringen, oder sie werden,
wie *Max* und *Moritz*, verschrotet. Doch Busch läßt diese oft grausi-
gen Geschehnisse durch den Verfremdungseffekt seiner lakonisch-
trockenen Darstellungsweise komisch werden: *So ein Konturwesen
macht sich leicht frei von dem Gesetz der Schwere und kann, besonders, wenn es nicht schön ist, viel aushalten, eh' es uns weh tut.
Man sieht die Sach an und schwebt derweil in behaglichem Selbst-
gefühl über den Leiden der Welt ...²¹⁶*

Der grausige Tod des *Eispeter* wird komisch, indem die Eltern ihren verflüssigten Sohn in einen Einmachtopf löffeln und diesen im Keller zwischen Käse und Gurken auf den Ehrenplatz eines erhöhenden Sockels stellen:

Ja ja! In diesen Topf aus Stein,
Da machte man den Peter ein,
Der, nachdem er anfangs hart,
Später weich wie Butter ward.[217]

Die Eltern haben anscheinend nicht begriffen, daß die Flüssigkeit, die in ihrem Keller der Ewigkeit entgegenschimmelt, mit der Individualität ihres Sohnes nichts mehr gemeinsam hat. Der Lebenswille, der ihn beseelte, wird sich anderweitig inkarnieren. – Bei Tieren ist es nicht anders. In *Balduin Bählamm* zertritt der *verhinderte Poet* einen Ohrwurm, der sich, seinem Namen getreu, in des Dichters Ohr einzunisten gedenkt:

Doch wenn er glaubt, daß ihm hienieden
Noch weitere Wirksamkeit beschieden,
So irrt er sich. – Ein Winkelzug
Von Bählamms Bein, der fest genug,
Zerstört die Form, d. h. so ziemlich,
Die diesem Wurme eigentümlich,
Und seinem Dasein als Subjekt
Ist vorderhand ein Ziel gesteckt.[218]

Schlußbild der Bildergeschichte «Die kühne Müllerstochter», 1868

Ebenso verhält es sich mit dem Maulwurf, den ein erbitterter Gärtner zur Strecke bringt:

> Da liegt der schwarze Bösewicht
> Und wühlte gern und kann doch nicht;
> Denn hinderlich, wie überall,
> Ist hier der eigne Todesfall.[219]

Das Grauen vor der Vernichtung der Form kommt in einem grotesken Gemisch von Beunruhigung und Belustigung zum Ausdruck. Im ganzen wird der Tod als vorübergehende Behinderung des Lebenswillens unwesentlich. Indem Busch seine innere Bedrängnis mit lustiger Schnodderigkeit zu Papier brachte, gelang es ihm auch, dem grausam-lüsternen Medusenhaupt, das ihn erschreckte, die Narrenkappe aufzusetzen und dadurch erträglich zu machen.

DIE LETZTEN JAHRE

Im Wiedensahler Pfarrwitwenhaus war es immer einsamer geworden, seit auch der letzte der drei Neffen fortgezogen war und geheiratet hatte. Als Otto Nöldeke, einer der Neffen, in Mechtshausen Pfarrer wurde, forderte er seine Mutter und den Onkel auf, mit ihm und seiner Familie im Pfarrhaus zu leben. Die alten Geschwister sagten ohne weiteres zu. *Heute wird wohl mein Neffe aus Hunteburg in das Pfarrhaus zu Mechtshausen einrücken. Der kleine Ort liegt hübsch in der Nähe des Harzes, nicht sehr weit von Hattorf entfernt. Meine Schwester, die natürlich gern bei ihren Kindern und Großkindern sein will, zieht auch dahin; und – wo meine Schwester bleibt, da bleibe ich auch. So denken wir denn etwa anfangs November unser altes Wiedensahl mit Mechtshausen zu vertauschen.*[220] Was diesen Entschluß erleichterte, war das schlechte Verhältnis zu Bruder Adolf und seiner Frau Johanne. Die Verstimmung war so vollständig, daß Busch auf seinem täglichen Weg zur Wiedensahler Post die Dorfstraße vermied und einen Umweg machte, um seine Schwägerin nicht treffen zu müssen. Mit der Übersiedlung nach Mechtshausen kam dieser unerträgliche Zustand zu Ende; Pastor Otto Nöldeke als deus ex machina rettete den empfindlichen Junggesellen aus einer verfahrenen Situation, die ihn – sei es mit oder ohne eigene Schuld – belastet haben muß.

Wilhelm Busch hatte von früh auf gelernt, mit einem für uns Heutige unvorstellbaren Mindestmaß an äußerer Anregung auszukommen. Die Einsamkeit schreckte ihn nicht; sie war ihm, ganz im Gegenteil, immer ein Bedürfnis gewesen. Trotzdem war er froh, die letzten Lebensjahre als ungestörtes Mitglied eines geordneten Haushalts verleben zu dürfen – wie *Fritz Fröhlich* im *Schmetterling.* In Mechtshausen fand er Zeit und Ruhe für beschauliche Tätigkeiten, die er liebte. Er las Biographien, Romane und Erzählungen auf deutsch, englisch und französisch, ordnete in seinen Werken, schrieb Briefe und Gedichte. Im Jahre 1899 entstanden viele Gedichte für die Sammlungen *Schein und Sein* und *Zu guter Letzt.* Im Jahre 1905 übergab er seinem Neffen Otto Nöldeke das versiegelte Manuskript von *Hernach* für die postume Veröffentlichung. Die Volkskunde, die ihn als junger Mann so beschäftigt hatte, griff er im Alter wieder auf. Er korrespondierte mit Christoph Fr. Walther, dem Herausgeber des «Korrespondenzblattes des Vereins für niederdeutsche Sprachforschung» und veröffentlichte einen Artikel über *Volksüberlieferungen aus Wiedensahl.* Ein ständiges Vergnügen gewährte ihm die Lektüre von Kluges etymologischem «Wörterbuch der deutschen Sprache», in das er mit der Hand als Randbemerkungen einige Hundert platt-

deutscher Wörter schrieb. Viel Zeit verbrachte er mit stillem Nach-
denken in seinem Zimmer oder auch auf der Lieblingsbank im weit-
läufigen Garten des Pfarrhauses. Bemerkenswert ist dies: der Mensch,
dessen frühe Laufbahn dem Malen und Zeichnen gewidmet war, gab
diese Tätigkeiten im Alter ganz auf. Der beobachtende Maler hatte
die Fülle der Eindrücke gesammelt, der reflektierende Denker sichtete
sie und formulierte sie in Gedichten und Briefen. Im Alter fand er
zu einer gelassenen Zufriedenheit, die ihm in jüngeren Jahren nicht
oft beschieden gewesen war: *Meinerseits hienieden herumspazie-
rend seh ich mit der Gelassenheit des Alters dem Gedeihen der Bäume und Blumen und Menschen zu, und es soll mir recht sein, wenn
es noch ein paar Jährchen so weiter geht.*[221]

Für seinen Seelenfrieden von größter Wichtigkeit war die Wieder-
aufnahme der ehemals so guten Beziehungen zu Johanna Keßler
und ihren Töchtern Nanda und Letty, die durch Lenbachs Vermittlung schon sechs Jahre vor der Übersiedlung nach Mechtshausen zustande gekommen war. Von seinem Freund ermutigt, schrieb Busch
im August 1891 nach dreizehnjährigem Schweigen an Johanna:

Meine liebe Frau Keßler!
Von Lenbach hör ich, es hätten ihn neulich zwei Damen besucht,
aus Frankfurt, beide sehr hübsch und ungemein liebenswürdig. –
Das hat mich ermuntert. –
Und wirklich, schon tausend Jahre sind's her, daß ich nicht mehr
geschrieben. Schnell glitscht die Zeit. – Der Sommer ist hin – die
Sensen rauschen durch's Korn – und – ja, was wollte ich doch sagen?
– Kurzum! Es sollte mich freuen, erhielte ich mal wieder so ein,
zwei Zeilen von meinen anmuthigen Tanten (Buschs häufig gebrauch-
te Bezeichnung für Frau Keßler und ihre Töchter), *wie ehedem. Ich*
würde z. B. auch nicht die gewöhnliche Brille nehmen zum Lesen,
sondern den goldenen Zwicker, den ich bloß dann aufsetze, wenn
ich's mit Leuten zu thun habe, an deren Hochachtung mir besonders
gelegen ist.[222]

Frau Keßler scheint auf diesen Brief gewartet zu haben, denn sie
reiste daraufhin kurz entschlossen mit ihren Töchtern und Enkeln
nach Wiedensahl, fand Busch nicht zu Hause, reiste weiter nach Bad
Rehburg, wo sie den alten Freund endlich wiedersah. Nach einigen
Tagen in Bad Rehburg fuhren alle zusammen nach Bad Lauterberg,
wo sie sich trennten. Zwei Monate später, nachdem Busch mit Lenbach holländische Galerien besucht hatte, schrieb der in seine Wieden-

sahler Einsiedelei Zurückgekehrte einen glücklichen Brief an die geliebte älteste der «Tanten», den das Gefühl der Befreiung von einer drückenden Last kennzeichnet: *Trotz Diesem und Dem, liebste Tante, bin ich doch eigentlich sehr glücklich in dem Gefühl, daß ich Sie und die Ihrigen wieder habe und damit ein geliebtes Stück dieser Welt, welches ich, hauptsächlich durch eigene Schuld, schon für immer verloren glaubte. – So bald, wie's geht, komm ich nach Frankfurt.*[223] Von dieser Zeit bis zu seinem Tode fuhr er dreizehnmal in die Stadt am Main, die er so lange gemieden hatte, und verlebte dort *seelenruhig heitere Tage* und Wochen. Im Jahre 1900 erregte dort eine umwälzende technische Neuerung das Interesse des Landbewohners: *Mein Besuch in Frankfurt am Main stand unter dem Zeichen des Automobils. Hunderte dieser Stänker flitzten hin und her und plärrten dabei gleich, denk ich mir, den Rhinozerössern im Urwald. Zunächst kommen einem die Dinger ja unheimlich vor; dennoch mögen sie wohl zu Land die Fahrzeuge der Zukunft sein. Wagen mit den armen Heuschrecken von Pferden sahen dagegen wirklich recht rückständig aus.*[224]

Busch lag daran, in seinem neuen Wohnort so lange wie möglich unentdeckt zu bleiben. Die Bauern von Mechtshausen wußten lange nicht, wer eigentlich der alte Herr sei, den sie manchmal auf der Dorfstraße sahen. Seine Briefe, die ihm von Wiedensahl nachgesandt wurden, beantwortete er, ohne die neue Adresse anzugeben. Als sein 70. Geburtstag herannahte, ließ sich die Übersiedlung nach Mechtshausen nicht länger geheimhalten. Reporter kamen in das stille Dorf, große Feierlichkeiten wurden geplant. Doch der berühmte Einsiedler floh nach Hattorf zu seinem Neffen Hermann Nöldeke, um dem Rummel, der seinetwegen veranstaltet wurde, zu entgehen. Erst um zehn Uhr abends atmete er auf und sagte erleichtert: *Na, nun kann wohl nichts mehr passieren.*[225] Während er sich versteckt hielt, trafen in Mechtshausen über tausend Glückwünsche ein, Karten, Briefe, Telegramme, darunter eines von Sr. Majestät dem Kaiser. Außerdem schickten Buschs Bewunderer Delikatessen aller Art, westfälischen Schinken, Pumpernickel usw. Der Verlag Braun und Schneider, der mit der Veröffentlichung von *Max und Moritz* Buschs Ruhm begründet hatte, überwies ein Geschenk von 20 000 Mark, die der Jubilar zu gleichen Teilen an zwei Krankenhäuser in Hannover weitergab. Die Fraktion der Alldeutschen im österreichischen Reichsrat nahm die Gelegenheit wahr, die Freigabe des bisher in Österreich verbotenen *Hl. Antonius von Padua* durchzusetzen.[226] Otto Bassermann schickte 70 Flaschen eines Pfälzerweins, den Busch schätzte. *Vor lauter Bedankungsschreiben sind mir die Finger fast krumm geworden*, schrieb er, nachdem er sich etwa zwei Wochen später nach

Grethe Meyer

Mechtshausen zurückgewagt und den Berg Geschenke und Grüße vorgefunden hatte.[227]

Nach dem Geburtstagstrubel wurde es wieder still um den alternden Mann, der in guter Gesundheit ein beschauliches, gedankenvolles Dasein führte und sich wenig darum kümmerte, was in der Welt vor sich ging: *In meiner stillen Ecke, weit links von der Welt, erfahr ich fast nichts von den Geschäften da draußen; hab auch überhaupt wenig Verständnis dafür.*[228] Außer Nanda Keßler war Grethe Meyer während dieser letzten Jahre seine bevorzugte Briefpartnerin, eine Enkelin von Pastor Kleine, die ihn nicht nur bei gelegentlichen Besuchen mit ihrem Klavierspiel erfreute, sondern dem wortkargen «Onkel» durch ihre jugendliche Fragefreudigkeit die interessantesten Briefe entlockte. Bei seinen jährlichen Rundreisen zu Verwandten und einigen Freunden traf er in Frankfurt noch einmal mit dem *lieben Fritze* Kaulbach und seiner Frau zusammen: *Einmal saß ich mit ihnen im Rathskeller bis halb drei in der Nacht. Ein einzelner Rückfall*

157

Im Jahre 1907

in längst abgelegte Gewohnheiten aus der Münchener Zeit.[229] Dieser Rückfall hatte dem Einsamen gut getan: *Ja, es war mir so wohl im Rathskeller mit Euch zwei herrlichen Leuten, daß ich trotz meiner Jahre garnicht bemerkte, was die Glocke geschlagen hatte. Ob's noch mal wieder paßiert? Im nächsten Juni etwa? Vorsichtig sich auszudrücken geziemet dem Alter . . .*[230]

Der Nähe des Todes war er sich in den letzten Jahren stets bewußt, besonders, da sein gleichaltriger Freund, der Müller Erich Bachmann, 1907 gestorben war. Er erlebte die Dinge, die sich um ihn herum abspielten, nun *mehr rückwärts gekehrt – die Hand auf dem Drücker der bekannten eisernen Thür, durch die man in die unbekannte Hinterwelt geht . . .*[231] Hinterwelt, nicht Unterwelt – das Schreckbild des Todes, die Idee des Eingestampftwerdens im Tonkübel der formenden Natur, die ihn lange vor der Zeit beunruhigt hatte, war im Alter von ihm gewichen. Er war jedoch nicht, wie manche spottend bemerkten, plötzlich aus Angst religiös geworden – zumindest nicht im landläufigen Sinne. Seine Beschäftigung mit Mystikern hatte ihm aber die Erkenntnis nahegelegt, daß die Idee von der Vergänglichkeit an den Begriff der Zeit gebunden sei: *Ich selbst versuche zu leben nach dem Grundsatz des berühmten Schusters zu Görlitz: «Wem ist die Zeit wie Ewigkeit» – – aber es geht man nicht recht. Die Malefizzeit, so wesenlos, im Kopfe betrachtet, sie scheint, häkt und zieht uns beständig am Frack!*[232] Wenn es ihm auch nicht eindeutig gelang, den Zeitbegriff im Ewigkeitsbegriff untergehen zu lassen, so blieb doch das nur scheinbare Paradox einer beruhigenden Unsicherheit in diesen Dingen in ihm zurück, denn der Begriff der Zeit – und damit der Vergänglichkeit – war ihm zumindest fragwürdig geworden. Er gab im Alter seinen Hang zum Zweifeln und Räsonnieren völlig auf und weigerte sich auch, auf dergleichen Fragen in Briefen einzugehen: *Deine Glaubensfrage sieht fast so aus, als sollt ich mich verleiten lassen vom Verstande, dem nützlichen Gemüsezüchter, in einen Blumen- und Wundergarten, wo er nichts von versteht. Ich mag ihm nicht folgen dahin. Das mögen andere tun, denen das Zweifeln und Räsonnieren Vergnügen macht. Also bitte!*[233] Fast unwirsch klingt dieser Brief, doch der Mensch, der schon als Vierzehnjähriger ein zweifelnder Freigeist gewesen war und sich mit Kant beschäftigt hatte, war dieser Dinge überdrüssig.

Der ehemals so altkluge Knabe entwickelte im hohen Alter, trotz mancher Fragen, die ungelöst blieben, eine erstaunliche, jugendliche Dynamik des Lebensgefühls. Wunderbar ist die Beschreibung seines Alleinseins am späten Abend, als er einmal auf die Rückkehr seiner Hausgenossen wartete: *Derweil, während gänzlicher Windstille, saß ich drauß vor der Thür und rauchte mein Pfeifchen und betrachtete die stummen, schwarzen Gestalten der Bäume. Es kam mir vor, als säße in mir doch wahre Freiheit und schwunghaftes Leben. Oder war's Hochmut? Ist's mehr Freiheit auf Grund der Notwendigkeit?* [234] Auch hier konnte es der alte Zweifler nicht unterlassen, die Echtheit seiner Gefühle in Frage zu stellen. Doch wie dem auch sei, die Empfindungen waren echt und nicht von ihrer unmittelbaren Ursache abhängig.

Einen Monat vor seinem Tode schrieb er an Grethe Meyer einige Trostworte, weil ihr Kind gestorben war. Die Schlußworte dieses Briefes zeigen die Gelassenheit eines alten Menschen, der schon vor dem physischen Tode begonnen hat, sich von seinem Leben zu lösen, vor dessen weitsichtig gewordenem innerem Auge die Trennungslinien zwischen den Welten unscharf werden: *Was soll ich viel sagen? – Ich stehe auf der Grenze von Hier und Dort, und fast kommt es mir vor, als ob beides dasselbe wäre . . .* [235]

Am 6. Januar fühlte sich Wilhelm Busch plötzlich sehr schlecht, am siebten konstatierte der Arzt große Herzschwäche, am 9. Januar 1908 starb er ruhig, ohne leiden zu müssen.

ANMERKUNGEN

Soweit möglich wurde aus der von Friedrich Bohne besorgten historisch-kritischen Gesamtausgabe zitiert. Wenn notwendig, wurden die von Otto Nöldeke herausgegebenen *Sämtlichen Werke* herangezogen, eine Ausgabe der Werke Buschs, die zwar umfangreicher, aber weniger zuverlässig ist. Als erste Veröffentlichung einer geplanten umfassenden, kommentierten Ausgabe von Buschs Werken wurde bisher von Friedrich Bohne für die Wilhelm-Busch-Gesellschaft der erste von zwei Briefbänden herausgegeben. Der zweite Band soll im Herbst 1969 erscheinen. Damit würden erstmalig Buschs sämtliche Briefe gedruckt vorliegen. Der Leser sei ausdrücklich auf diese Briefbände hingewiesen, deren Übersichtlichkeit, Exaktheit und wertvolle Kommentare für die ernsthafte Beschäftigung mit Wilhelm Busch unerläßlich sind. Buschs Briefe sind bisher nur auswahlweise in Einzel- oder Sammelausgaben veröffentlicht worden. Um dem Leser die Bezugnahme auf Briefe in den Anmerkungen so nutzbar wie möglich zu machen, werden die Briefe nicht mit den Nummern der kommentierten Ausgabe, sondern mit Datum und Empfänger angegeben.

Abkürzungen für häufig zitierte Quellen

BW = Wilhelm Busch Werke. Band I–IV. Historisch-kritische Gesamtausgabe. Hg. von Friedrich Bohne. Standart Verlag, Hamburg 1959 (Ausgabe für den Buchhandel Vollmer-Verlag, Wiesbaden)

SW = Wilhelm Busch. Sämtliche Werke. Band I–VIII. Hg. von Otto Nöldeke. München 1943

BBr = Wilhelm Busch. Sämtliche Briefe. Kommentierte Ausgabe in zwei Bänden. Band I Briefe 1841 bis 1892. Hg. von Friedrich Bohne, unter Mitarbeit von Paul Meskemper und Ingrid Haberland mit Unterstützung der Stiftung Volkswagenwerk. Wilhelm-Busch-Gesellschaft Hannover, Herbst 1968 (Band II voraussichtlich im Herbst 1969)

BB = Friedrich Bohne: Wilhelm Busch. Leben – Werk – Schicksal. Fretz und Wasmuth Verlag, Zürich und Stuttgart 1958

1 M. Sheridan: «Comics and their Creators». Boston 1942
2 BW IV, 147
3 BW IV, 205
4 BW IV, 147
5 Ebd.
6 SW VII, 429
7 BW II, 526
8 Weihnachten 1841 an die Eltern
9 BW IV, 148
10 BW III, 30
11 BW III, 29
12 Ebd.
13 BW IV, 91
14 BW IV, 545
15 BW IV, 544
16 BW IV, 286
17 BW III, 505
18 BW III, 499
19 BW IV, 208
20 Ebd.
21 BW IV, 148
22 28. Januar 1876 an Maria Anderson
23 BW IV, 149
24 BW IV, 208
25 30. September 1848 an die Mutter

26 BW IV, 149
27 BW IV, 181
28 12. Juni 1886 an Franz von Lenbach
29 BB 32
30 BW IV, 150
31 26. Juni 1852, BB 37
32 Tagebücher von Paul Klee. Du-Mont Dokumente, § 819. Köln 1957
33 1. Dezember 1852 an die Eltern
34 WB IV, 209
35 *Ut oler Welt*
36 WB IV, 150
37 Jahrbücher der Wilhelm-Busch-Gesellschaft XXVI, 19
38 BW IV, 151
39 BB 45
40 BB 54
41 19. April 1875 an Maria Anderson
42 BW IV, 150
43 BW IV, 151
44 Ebd.
45 20. November 1860 an Otto Bassermann
46 *Hänsel und Gretel*, Musik von Kremplsetzer
47 26. Februar 1865 an Caspar Braun
48 «Sachwörterbuch der Literatur». 3. verb. und erw. Aufl. Stuttgart 1961. S. 263
49 BW I, 343
50 BW I, 348
51 BW I, 366
52 BW III, 348
53 11. August 1864 an Otto Bassermann
54 BW IV, 149
55 Jean Paul: «Vorschule der Ästhetik». In: «Sämtl. Werke. Hist. krit. Ausg.» Weimar 1935. 1. Abt., IX, 103
56 BW II, 543
57 BW IV, 324
58 12. Februar 1875 an Johanna Keßler
59 BW III, 148
60 BW IV, 408
61 26. April 1875 an Maria Anderson
62 25. Juli 1875 an Maria Anderson
63 12. September 1875 an Maria Anderson
64 28. September 1875 an Maria Anderson
65 12. August 1870 an Moritz Schauenburg
66 BW IV, 210
67 BW II, 133
68 BW II, 136
69 BW II, 538
70 BW II, 206
71 BW II, 293
72 BW II, 261
73 BW II, 265
74 7. August 1872 an Otto Bassermann
75 3. Juni 1872 an Otto Bassermann
76 7. August 1872 an Otto Bassermann
77 BW II, 137–147
78 BW II, 170–175
79 BW II, 148–153
80 5. März 1873 an Otto Bassermann
81 21. September 1885 an Eduard Daelen
82 1. November 1885 an Friedrich August von Kaulbach
83 16. Januar 1886 an Eduard Daelen
84 BB 144
85 BW II, 496
86 26. Januar 1886 an Hermann Levi
87 29. Juli 1886 an Eduard Daelen
88 16. September 1886 an Franz von Lenbach
89 BW IV, 147
90 BW IV, 151
91 BW IV, 157
92 BW IV, 153

93 Ebd.
94 Ebd.
95 Ebd.
96 Ebd.
97 BW IV, 154
98 BW IV, 211
99 14. Januar 1888 an Friedrich August von Kaulbach
100 Dezember 1876 an Johanna Keßler
101 19. Januar 1877 an Johanna Keßler
102 8. Februar 1877 an Johanna Keßler
103 Jahrbücher der Wilhelm-Busch-Gesellschaft XXIX, 26
104 22. September 1877 an Paul Lindau
105 29. September 1877 an Anna Lindau
106 BBr I, 204 Anm.
107 3. April 1880 an Anna Lindau
108 19. Oktober 1876 an Franz von Lenbach
109 «Cosima Wagner und H. S. Chamberlain im Briefwechsel 1888–1908». 1934. S. 600
110 14. November 1878 an Marie Hesse
111 6. Januar 1886 an Hermann Levi
112 BW II, 204
113 BW III, 479
114 BW IV, 177
115 BW III, 209
116 BW IV, 178
117 BW IV, 286
118 SW VII, 447
119 25. April 1889 an Else Meyer
120 BB 190
121 BBr I, Faksimilebeilage zwischen S. 232/233
122 9. Januar 1883 an Hermann Levi
123 17. April 1883 an Friedrich August von Kaulbach
124 BW III, 10
125 BW III, 13
126 BW III, 14

127 BW III, 81
128 BW III, 82
129 BW III, 98
130 BW III, 204
131 BW IV, 7
132 BW IV, 7–8
133 BW IV, 17
134 BW IV, 8
135 BW IV, 9
136 BW IV, 10
137 BW IV, 11
138 Ebd.
139 BW IV, 23
140 BW IV, 76–79
141 Karl Kraus: «Nestroy und die Nachwelt». In: «Die Fackel» 349/350 (1912), S. 11
142 Siehe Anm. 55
143 BW IV, 83
144 Ebd.
145 Ebd.
146 BW IV, 84
147 BW IV, 108
148 BW IV, 135
149 BW IV, 109–110
150 BW IV, 144
151 BW IV, 85
152 BW II, 78
153 BW II, 522
154 23. April 1875 an Maria Anderson
155 «Kästner für Erwachsene». Hg. von Rudolf Walter Leonhardt. Frankfurt a. M. 1966. S. 40
156 BW II, 512
157 BW II, 502
158 BW IV, 415
159 BW II, 513
160 Ebd.
161 Zit. in BW IV, 554–555
162 BW IV, 331
163 13. Dezember 1880 an Hermann Levi
164 BW IV, 536
165 BW IV, 292
166 BW IV, 394
167 13. Juni 1875 an Maria Anderson

168 14. Dezember 1905 an Nanda Keßler
169 BW II, 293
170 Ebd.
171 Siehe Anm. 37
172 BW IV, 200
173 22. April 1900 an Grethe Meyer
174 29. April 1891 an Franz von Lenbach
175 12. Januar 1904 an Grethe Meyer
176 BW IV, 169
177 BW IV, 159
178 BW IV, 201
179 BW IV, 160
180 Ebd.
181 14. Mai 1899 an Grethe Meyer
182 15. Januar 1900 an Grethe Meyer
183 23. Mai 1880 an Hermann Busch
184 3. Mai 1906 an Nanda Keßler
185 Wolfgang Kayser: «Das Groteske in Malerei und Dichtung». Reinbek 1960 (rowohlts deutsche enzyklopädie. 107). S. 92
186 BW IV, 168–169
187 29. Mai 1875 an Maria Anderson
188 BW IV, 187
189 2. Pfingsttag 1898 an Grethe Meyer
190 WB IV, 176
191 S. Oskar Seyffert: «Lexikon der Klassischen Altertumskunde»
192 BW IV, 199
193 24. August 1881 an Hermann Levi
194 BW IV, 213
195 10. Januar 1889 an Alexander Günther
196 14. November 1878 an Marie Hesse
197 26. Januar 1879 an Marie Hesse
198 SW VIII, 292
199 BB 167–168
200 4. September 1880 an Georg Hesse
201 20. Oktober 1881 an Otto Bassermann

202 SW VIII, 342
203 Ebd.
204 21. Januar 1881 an Marie Hesse
205 15. Januar 1881 an Friedrich August von Kaulbach
206 17. März 1881 an Otto Bassermann
207 BBr I, 218 Anm.
208 20. Oktober 1881 an Otto Bassermann
209 5. November 1881 an Marie Hesse
210 28. Januar 1882 an Friedrich August von Kaulbach
211 30. November 1886 an Friedrich August von Kaulbach
212 6. November 1875 an Maria Anderson
213 23. Februar 1889 an Franz von Lenbach
214 29. April 1891 an Franz von Lenbach
215 BW IV, 416
216 BW IV, 210
217 BW I, 303
218 BW IV, 44
219 BW II, 462
220 Sommer 1898
221 SW VIII, 364
222 August 1891
223 11. Oktober 1891
224 SW VIII, 368
225 S. Otto Nöldeke, SW VIII, 358
226 Wortlaut in: BW II, 539–540
227 SW VIII, 359
228 16. November 1907
229 22. Juli 1906 an Grethe Meyer
230 1. Juli 1906 an Friedrich August von Kaulbach
231 1. Juli 1906 an Friedrich August von Kaulbach
232 14. Juli 1907 an Friedrich August von Kaulbach
233 18. Oktober 1907 an Nanda Keßler
234 12. Mai 1907 an Grethe Meyer
235 23. Dezember 1907 an Grethe Meyer

1832   15. April, 6 Uhr morgens: Heinrich Christian Wilhelm Busch in Wiedensahl nordwestlich von Stadthagen (zwischen Hannover und Minden) geboren
Vater: Johann Friedrich Wilhelm Busch, Kaufmann
Mutter: Henriette Dorothee Charlotte Busch, geb. Kleine
Geschwister: Fanny, geb. 14. 3. 1834; Gustav, geb. 16. 9. 1836; Adolf, geb. 13. 12. 1838; Otto, geb. 18. 2. 1841; Anna, geb. 2. 5. 1843; Hermann, geb. 13. 7. 1845

1841   Nach drei Jahren in der Dorfschule wird Wilhelm dem Onkel Georg Kleine, Pfarrer des Dorfes Ebergötzen bei Göttingen, zur Erziehung übergeben. Privatunterricht. Beginn der lebenslänglichen Freundschaft mit Erich Bachmann

1844   Besuch in Wiedensahl bei den Eltern nach drei Jahren Abwesenheit

1846   Übersiedlung mit Onkel Georg Kleine nach Lüthorst

1847   11. April: Konfirmation durch Pastor Kleine in Lüthorst
Herbst: Wilhelm Busch geht nach Hannover an die Polytechnische Schule

1851   März: Wilhelm Busch verläßt eigenmächtig die Polytechnische Schule, um Maler zu werden
Juni: Studium an der Kunstakademie Düsseldorf. Enttäuschung

1852   Mai: Nach Antwerpen. Aufnahme an der Königlichen Akademie der schönen Künste

1853   März: Schwere Typhuserkrankung. Seelische Ernüchterung. Völlig mittellos. Von seinen holländischen Wirtsleuten unentgeltlich gepflegt
Mai: Rückkehr nach Wiedensahl. Bei allmählicher Genesung rege Sammeltätigkeit von Sagen, Märchen und Liedern in Lüthorst

1854   Fortsetzung der folkloristischen Tätigkeit. Naturwissenschaftliche Studien unter Anleitung des Pastors Kleine
November: Nach München. Studium an der Königlichen Akademie der Künste. Enttäuschung. Aufnahme in den Künstlerverein Jung-München

1856   September: Nach Wiedensahl

1857   Busch spielt mit dem Gedanken, als Bienenzüchter in Brasilien ein neues Leben zu beginnen

1858   Januar: Nach Lüthorst. Liebhabertheater. Komödie: *Einer hat gebimmelt und alle haben gebummelt*
Mai: Nach München
Juni: Schwester Anna stirbt in Wiedensahl. Intensive Aktstudien, Anatomie, Zeichnen, Malen
Bis September: Mit Jung-Münchenern in Ammerland am Starnberger See und in Brannenburg
Herbst: In München. Caspar Braun, Herausgeber der «Fliegenden Blätter» und «Münchener Bilderbogen», verpflichtet ihn als Zeichner und Karikaturisten (bis 1870)

1860   Januar: Tanzvergnügungen der Jung-Münchener und ihre Vorbereitung. Text für die Operette *Liebestreu und Grausamkeit*, vertont von Ed. Heinel

Oktober und November: Typhuserkrankung oder Nikotinvergiftung

1861 Texte zu den Operetten *Hänsel und Gretel* und *Der Vetter auf Besuch*, Vertonungen von Kremplsetzer

1862 Februar: Münchener Künstlerfasching. Jung-München tat sich hervor mit «Die deutsche Märchenwelt», Plan und Regie: Wilhelm Busch. Dabei u. a. Uraufführung von *Hänsel und Gretel*

1864 Herbst: *Bilderpossen* ausgeliefert bei Heinrich Richter in Dresden

1865 Caspar Braun veröffentlicht *Max und Moritz* in Buchform

1866 Juni: Schlaganfall der Mutter. Busch in Wiedensahl bis Januar 1867

1867 Juni: Besuch in Frankfurt am Main, wo Bruder Dr. Otto Busch als Erzieher im Hause des Bankiers Keßler tätig ist

Sommer: Beiträge für die Zeitschriften «Über Land und Meer» und «Die illustrierte Welt» (u. a. *Hans Huckebein, der Unglücksrabe*). Drei Aufsätze für das «Bienenwirthschaftliche Centralblatt» (Redakteur: Pastor Kleine)

1868 Frankfurt: Freundschaft mit Frau Johanna Keßler. Bis Ende 1877 häufiger Gast im Keßler-Haus

August: Tod des Vaters. *Die kühne Müllerstochter* ausgeliefert

1869 In diesem Jahr Hauptwohnsitz in Frankfurt am Main. Eigenes Atelier

April: *Schnurrdiburr oder die Bienen* ausgeliefert. Beschäftigung mit der Philosophie Schopenhauers

1870 Januar: Tod der Mutter

Juni: *Der Hl. Antonius von Padua* ausgeliefert. Staatsanwalt schreitet ein

1871 April: Freigabe des *Hl. Antonius* durch Gerichtsbeschluß

1872 April: *Die Fromme Helene* ausgeliefert. Busch gibt festen Wohnsitz in Frankfurt auf

Oktober: *Bilder zur Jobsiade* ausgeliefert

November: *Pater Filuzius* ausgeliefert

1873 Reise zur Weltausstellung in Wien. Einführung in den Künstlerverein Allotria. Bekanntschaft mit Franz von Lenbach, Friedrich August von Kaulbach und Lorenz Gedon

Juni: *Der Geburtstag oder die Partikularisten* ausgeliefert

Ende September: Reise nach Holland

1874 April: *Dideldum* ausgeliefert. Reise nach Belgien und Holland

August: Krankheit – Nikotinvergiftung

Oktober: *Kritik des Herzens* ausgeliefert

1875 Januar: Beginn des Briefwechsels mit Maria Anderson

Oktober: Treffen mit Maria Anderson in Mainz

November: *Abenteuer eines Junggesellen* ausgeliefert

1876 Dezember: *Herr und Frau Knopp* ausgeliefert

1877 August: *Julchen* ausgeliefert. Bekanntschaft mit Paul und Anna Lindau in München

Mitte Dezember: Beginn des dreizehnjährigen Schweigens zwischen Busch und Johanna Keßler

1878   März/April: München – Bozen – Venedig – München
        Mai: *Die Haarbeutel* ausgeliefert. Häufig nach Hannover. **Affenstu-**
        dien im Zoo
        Juli: Borkum. Bekanntschaft mit Georg und Marie Hesse. Dreißig-
        jährige Brieffreundschaft
        August: Schwager Pastor Hermann Nöldeke stirbt
        Winter: München
1879   März: Übersiedlung mit Schwester Fanny ins Pfarrwitwenhaus
        Mai: Bruder Otto stirbt in Frankfurt
        Juni: *Fipps der Affe* ausgeliefert
1880   Neuauflage *Bilderpossen*
        August: München
        Freundschaft mit Hofkapellmeister Hermann Levi
        Dezember: *Stippstörchen für Äuglein und Öhrchen* ausgeliefert
1881   Februar: Nikotinvergiftung
        Mitte März bis April: Letzter Aufenthalt in München
        Juni: *Der Fuchs* und *Die Drachen* ausgeliefert
        Juli: Reise nach Wolfenbüttel; dort Bekanntschaft mit Grete Fehlow,
        einer Nichte der Schwägerin
1882   Januar: Bäderkur in Wolfenbüttel
        Juni: *Plisch und Plum* ausgeliefert
1883   Juni: *Balduin Bählamm, der verhinderte Dichter* ausgeliefert
        Dezember: Lorenz Gedon stirbt
1884   Juni: *Maler Klecksel* ausgeliefert
        Spätsommer: Erste Lieferung der Sammelausgabe «Humoristischer
        Hausschatz»
1886   April: Reise nach Rom
        Mai: «Über Wilhelm Busch und seine Bedeutung» von Eduard Daelen
        Oktober/Dezember: *Was mich betrifft* in der «Frankfurter Zeitung»
1888   8. Mai: Bruder Gustav stirbt
        August: Mit Lenbach und Frau in Holland
1891   April: *Eduards Traum* ausgeliefert
        August: Durch Lenbachs Vermittlung Versöhnung mit Johanna Keß-
        ler. Von nun an bis zu seinem Tod wieder häufige Besuche bei Keß-
        lers. Beginn eines Briefwechsels mit Nanda Keßler
1894   Frühjahr: Mehrfache Grippeerkrankungen
1895   April: *Der Schmetterling* ausgeliefert
1896   Oktober: Abfindungsvertrag mit Bassermann in Hannover. Wilhelm
        Busch erhält 50 000 Mark
        Beginn des Briefwechsels mit Grethe Meyer
1897   Februar: Ernst Hanfstaengl gestorben
1898   Oktober: Übersiedlung nach Mechtshausen
1899   Etwa 90 Gedichte für *Zu guter Letzt* und *Schein und Sein* entstanden
1900   Volkskundliche Forschungen leben wieder auf
1901   Beitrag zum «Korrespondenzblatt des Vereins für niederdeutsche
        Sprachforschung»: *Volksüberlieferungen aus Wiedensahl*
1902   Busch flieht vor dem Geburtstagstrubel nach Hattorf. Über 1500
        Grüße

1903	Redaktionsarbeit an der Gedichtsammlung *Zu guter Letzt*
1904	März: Franz von Lenbach stirbt
	April: *Zu guter Letzt* ausgeliefert. Letzte Veröffentlichung zu Lebzeiten
1905	9. Juni: Otto Nöldeke erhält von Wilhelm Busch das versiegelte Manuskript *Hernach*
1907	Januar: *An Helene* für die Festausgabe der *Frommen Helene* zum 75. Geburtstag
	März: *Mein Lebenslauf für die Jugend*
	Juni: Letzter Besuch in Frankfurt. Letztes Beisammensein mit Kaulbach und Frau
	August: Erich Bachmann stirbt
1908	6. Januar: Plötzliche Herzschwäche
	9. Januar: Wilhelm Busch stirbt

ZEUGNISSE

GERHART HAUPTMANN

Wilhelm Busch ist der Klassiker deutschen Humors, und das will in gewissem Sinne auch sagen, des deutschen Ernstes. So verehre ich ihn als eine der köstlichsten Emanationen deutschen Wesens. Er säte weltüberwindendes Lachen über Groß und klein: Dank ihm! Wie viele Tränen hat er getrocknet! Und er ist ein Weiser.

Antwort auf eine Anfrage der Wilhelm-Busch-Gesellschaft

OTTO GMELIN

Wilhelm Busch ist für mich als Dichter einer der gewandtesten und volkhaftesten Kenner und Beherrscher der deutschen Sprache. Er hatte ein Gefühl für die Möglichkeiten des Humors und der Prägnanz im Ausdruck, wie es nur wenige gehabt haben, und er blieb bei alledem immer ganz nah an der Art des Volks selbst und ganz schlicht in der Empfindung. Dies war es dann wohl auch, was ihn in den weitesten Schichten unseres Volks bekannt und beliebt gemacht hat. Es gibt Wendungen und Verse in seinem Werk, die unverlierbares Sprachgut von uns allen geworden sind. Aber zu dem Sprachlichen und Zeichnerischen kommt entscheidend das Menschliche, das über die Form hinweg Menschen sehen und sie in einer Atmosphäre gütigen, wenn auch oft derben Humors umformen, ja geradezu neuschaffen konnte. Ich glaube, daß wir ihm, da wir vieles von ihm schon als Kinder und junge Leute in uns aufgenommen haben, mehr danken, als wir selbst wissen und angeben können.

Antwort auf eine Anfrage der Wilhelm-Busch-Gesellschaft

GOLO MANN

Die Leute genossen die Werke des nur scheinbar heiteren, unergründlich boshaften, menschenfeindlichen Humoristen mit nie versagender Freude. Sie fühlten sich von ihm erkannt, aber auf eine Weise, die ihnen gefiel.

... Wer etwas erfahren will vom Geist des deutschen Bürgertums in der Bismarckzeit, der kann es in den Busch-Alben besser als in manchen gesellschaftswissenschaftlichen Traktaten.

Deutsche Geschichte des 19. und 20. Jahrhunderts. Frankfurt a. M.
1958

THOMAS THEODOR HEINE

Busch ist der eigentliche Erfinder der zeichnerischen Kurzschrift. Ich weiß keinen Vorgänger, dem es gelungen wäre oder der auch nur versucht hätte, in so knappen Strichen das Leben einzufangen, durch einen einfachen Federzug so unerhört gesteigerte Bewegung, so unvergeßliche Typen mitsamt der ihnen zukommenden Umgebung auf einem kleinen Blättchen Papier hervorzuzaubern. Das ist höchste Vollendung des Handwerks, daß kein Tropfen Schweiß an dem fertigen Werk zu kleben scheint.

ARTUR KUTSCHER

Busch zeigt das Einzelne, Besondere, Individuelle in seiner Winzigkeit und Lächerlichkeit ... Das ist der Sinn der vielen Mißgeschicke, die Busch uns vorführt. Sie sind im Grunde nichts Äußeres und Einzelnes, sie stehen auf dem Boden der Überwindung und Beherrschung und Befreiung des Lebens, d. h. des Humors. Kleine Seelen schauern vor diesem Humor; er trifft sie hart. Sie sehen nicht die Versöhnung, die allerdings nicht an der Oberfläche liegt.

OLAF GULBRANSSON

... Ich wär auch zu bescheiden über so einen Riesenvormat von ein Kerl – über Wilhelm Busch was zu schreiben. Ich kann ihm bloß anbeten.

[Rechtschreibung wie im Original.]

THEODOR HEUSS

Die Gegenwart war ihm spürbar in vielen ihrer Züge gegensätzlich, ja peinlich. Das darf man dem allegorischen Prosastück *Eduards Traum* entnehmen – aber man soll, meinen wir, diese «Abrechnung» mit der Zeit nicht überschätzen, man kann sie auch – das klingt für manche Leute, die hier ein weltanschauliches Bekenntnis finden, blasphemisch – als eine Folge von Motiven für nicht mehr ausgeführte Bildergeschichten nehmen. So viel im rein Visuellen Anregendes steckt in der Szenenfolge des zwar märchenkundigen, im übrigen recht zweckhaften und rationalen Träumers, es kommt fast alles dran. Den sensitiven Mann beunruhigt, ärgert, belästigt das neumodische «Getu's» dieser Zeit – ein Lieblingswort.

MARTIN BEHEIM-SCHWARZBACH

Wilhelm Buschs herrliches Gedicht «Die Selbstkritik hat viel für sich...» hat mich schon früh eine gehörige und gesunde Portion wirkliche Selbstkritik gelehrt, die ich also als ein unbezahlbares und unverlierbares Kapital ihm verdanke. Das wäre noch lange nicht alles, aber mir das wichtigste.

Auf eine Anfrage der Wilhelm-Busch-Gesellschaft

ALBERT EINSTEIN

Wilhelm Busch, insbesondere der Schriftsteller Busch, ist einer der größten Meister stilistischer Treffsicherheit. Ich denke – außer vielleicht Lichtenberg – hat es keinen Ebenbürtigen in deutscher Sprache gegeben.

Aus einem Brief an die Wilhelm-Busch-Gesellschaft. 1954

BIBLIOGRAPHIE

Die zahllosen Würdigungen Wilhelm Buschs in der Tagespresse und in regionalen Blättern aller Art lassen die Bibliographie des Schrifttums zu einem Umfang anwachsen, der in keinem Verhältnis zu seiner begrenzten Nützlichkeit steht. Ein Blick in R. Abichs Wilhelm-Busch-Bibliographie kann den Leser davon überzeugen, wie wenig sinnvoll die bibliographische Vollständigkeit im Falle Buschs ist. Aus diesem Grunde stellt die folgende Bibliographie eine Auswahl des Schrifttums seit 1937 dar (Abichs Bibliographie geht bis 1937), obwohl einige wichtigere Arbeiten über Busch, die vor 1937 erschienen sind, auch in dieser Auswahl angeführt werden.

Von den vielen Ausgaben der Werke Wilhelm Buschs werden nur solche angeführt, die als «Gesamtausgaben» eine gewisse Vollständigkeit anstreben und heute noch – oder wieder – erhältlich sind.

Die Aufzählung der Einzelausgaben würde im Falle Busch vollends ins Uferlose führen und wird aus diesem Grunde unterlassen.

Abkürzungen für häufig zitierte Quellen:

JWBG = Jahrbücher der Wilhelm-Busch-Gesellschaft
MWBG = Mitteilungen der Wilhelm-Busch-Gesellschaft

1. Bibliographische Hilfsmittel

ABICH, RICHARD: Wilhelm-Busch-Bibliographie. Aus der Sammlung des Wilhelm-Busch-Archivs, in MWBG, Nr. 1/2, S. 16–23; Nr. 3, S. 16–23; Nr. 4, S. 29–31; Nr. 5, S. 52–55; Nr. 6/7, S. 73–90. Bibliographische Angaben enthalten ferner die JWBG
VANSELOW, ALBERT: Die Erstdrucke und Erstausgaben der Werke von Wilhelm Busch. Ein bibliographisches Verzeichnis. Bis 1908. Leipzig 1913

2. Gesamtausgaben, Sammelausgaben

Sämtliche Werke. Bd. 1–8. Hg. von OTTO NÖLDEKE. München 1943
Wilhelm Busch Werke. Bd. 1–4. Historisch-kritische Gesamtausgabe. Hg. von FRIEDRICH BOHNE. Hamburg 1959
Sämtliche Werke und eine Auswahl der Skizzen und Gemälde in zwei Bänden. Hg. von ROLF HOCHHUTH. Gütersloh o. J. [1959]
Das Gesamtwerk des Zeichners und Dichters. Bd. 1–6. Hg. von HUGO WERNER. Stuttgart–Salzburg 1959
Narrheiten und Wahrheiten. Mit einer Einleitung von Friedrich Bohne. Frankfurt a. M. 1959
Späße und Weisheiten. Mit einem Nachwort von Friedrich Bohne. Frankfurt a. M. 1959
Wilhelm Busch Album – Humoristischer Hausschatz. Mit 1700 Bildern. Stuttgart 1964

Wilhelm Busch, Sämtliche Briefe. Kommentierte Ausg. in 2 Bdn. Bd. I: Briefe 1841 bis 1892. Hg. von FRIEDRICH BOHNE unter Mitarbeit von PAUL MESKEMPER und INGRID HABERLAND mit Unterstützung der Stiftung Volkswagenwerk. Wilhelm-Busch-Gesellschaft Hannover 1968

3. Erstausgaben seit 1908

Hernach. München 1908

An Maria Anderson, siebzig Briefe. Rostock i. M. 1908

Künstlerischer Nachlaß (ed. Fritz von Ostini). München 1908

Schein und Sein. Nachgelassene Gedichte. München 1909

Ut öler welt: Volksmärchen, Sagen, Volkslieder und Reime, gesammelt von Wilhelm Busch. München 1910

Verstreute Blätter. Gesammelt von Albert Vanselow. Leipzig 1912

Kneipzeitungen. Gedichte und Sinnsprüche. München 1921

Max und Moritz. Faksimileausgabe. München 1923

Ein Skizzenbuch. Mit einem Geleitwort von Otto Nöldeke. München 1924

Bildergeschichten und Zeichnungen der Sammlung Wrede. Mit einem Geleitwort von Professor Max Slevogt. Erläuternder Text von Dr. Robert Dangers. Hannover 1928

Ist mir mein Leben geträumet? Briefe eines Einsiedlers. Gesammelt und herausgegeben von Otto Nöldeke. Leipzig 1935

Der hohle Zahn. Faksimileausgabe. Hg. von der Wilhelm-Busch-Gesellschaft anläßlich ihres zehnjährigen Bestehens im Juni 1940 (Außerdem in Nr. 11/12 der MWBG, S. 9–22.)

Der Nöckergreis. Faksimileausgabe. Fünfte Sonderveröffentlichung der Wilhelm-Busch-Gesellschaft, 1947

Der Floh. Faksimileausgabe. Sechste Sonderveröffentlichung der Wilhelm-Busch-Gesellschaft, 1950 (Außerdem im JWBG 1950/51, S. 49–63.)

Die Brille. Faksimiledruck. Siebente Sonderveröffentlichung der Wilhelm-Busch-Gesellschaft, 1952 (Außerdem im JWBG 1952, S. 37–56.)

Der Heilige Antonius von Padua. Faksimileausgabe. Hg. von der Wilhelm-Busch-Gesellschaft, 1955 (Außerdem im JWBG 1953/54, S. 17–120.)

Katze und Maus. Eine Bilderposse für Kinder. Faksimileausgabe mit einem Nachwort von Friedrich Bohne. Sonderdruck des Hauses Fritz Busche, Dortmund (ohne Jahr)

Fipps der Affe. Faksimiledruck der Wilhelm-Busch-Gesellschaft. Mit einem Nachwort von Friedrich Bohne. Hamburg 1960

Die ängstliche Nacht. Faksimileausgabe. Hg. von der Wilhelm-Busch-Gesellschaft, Dezember 1960. Mit einem Nachwort von Friedrich Bohne (Außerdem dem JWBG 1959/60 beigefügt.)

4. Darstellungen

ACKERKNECHT, ERWIN: W. B. als Selbstbiograph. München 1949

W. B. In: Bücherei und Bildung X, S. 134–135

ANLAUF, KARL: Der Philosoph in Wiedensahl. Berlin 1939

ARNOLD, PAUL JOH.: W. B. In: Die Volksbühne, II, Heft 9, S. 130–132

BALZER, HANS: Nur was wir glauben, wissen wir gewiß. Der Lebensweg des lachenden Weisen W. B. Berlin 1954
W. B.s Spruchweisheiten. Frankfurt a. M. 1956
W. B. In: Bildungsverein LXII, S. 136–139

BATTAGLIA, OTTO FORST DE: Rückblick auf W. B. aus Anlaß der neuen Gesamtausgabe. In: Die Anregung XII, Beil. Nr. 17, S. 168–170

BECKELMANN, J.: Denn Gott sei Dank! Ich bin nicht so. In: Panorama, II, Nr. 5

BEER, ULRICH: W. B. als Kritiker seiner Zeit. In: JWBG XXIII/XXIV, S. 3–11

BEINLICH, ALEXANDER: W. B. in der Schule. In: Die neue Volksschule in Stadt und Land IV, S. 29–34

BERNHARDT, HANS: Die Stellung W. B.s in der Literatur des 19. Jahrhunderts. Diss. Marburg 1950

BOHNE, FRIEDRICH: W. B. und der Geist seiner Zeit. Diss. Leipzig 1931
Wandlungen eines Bildes. Zu W. B.s 125. Geburtstag am 15. April 1957. In: Kulturwarte III, S. 2–6
W. B. und seine «Fromme Helene». In: W. B., Die fromme Helene. Hamburg 1957 (= rororo. 255). S. 118–129
W. B. – Leben – Werk – Schicksal. Zürich 1958
Was ich ergötzlich fand. München 1961

BORER, WILLIAM F.: A newly discovered manuscript of W. B. In: Monatshefte LIII, S. 298–301

BURGER: Wilhelm Busch und Otto Bassermann. In: Mannheimer Hefte 1 (1961), S. 23–35

CAMUS, LAURA: L'opera humoristica di W. B. Diss. Rom 1925

CREMER, HANS: Die Bildergeschichten W. B.s. Düsseldorf 1937

DAELEN, EDUARD: Über W. B. und seine Bedeutung. Eine lustige Streitschrift. Düsseldorf 1886

DANGERS, ROBERT: W. B. Sein Leben und sein Werk. Berlin-Grunewald 1930
Stileinheit des Zeichners und Dichters. In: MWBG III (1943), S. 3–4
W. B. In: Die neue Rundschau, Januar 1937, S. 73–80
W. B. – neu gesehen. In: Aussaat I/1950, 12, S. 12
W. B. und die Musik. In: Musica IV/1950, 10, S. 382–386
W. B. als Vorläufer der modernen Malerei. In: Die Weltkunst XXIII/1953, 34, S. 9
W. B. als Sprachschöpfer und Sprachforscher. In: Muttersprache LIII, S. 11–15
W. B. – ein verkappter Romantiker. In: Die Sammlung IX/1954, S. 551–555
W. B. als Maler. In: Von Atelier zu Atelier IV/1956, S. 75
Repertoire und Stilentwicklung. In: JWBG XXIX/XXX, S. 32–38

DASTELLE, F.: Wilhelm Busch 1832–1908. In: Die großen Deutschen. Neue deutsche Biographie V. Ergänzungsband. Berlin 1937

DECKERT, HERMANN: Das Weltbild W. B.s. Vortrag vor der Wilhelm-Busch-Gesellschaft, wiedergegeben nach Aufzeichnungen des verstorbenen Vortragenden von Friedrich Bohne. In: JWBG XXII, S. 18–25

DEKNAGEL, ROELOF: W. B., der lachende Philosoph des Pessimismus. Academisch Proefschrift. Rotterdam 1940

DEUTLINGER, HORST HEINZ: Huckebeins Ende: Strukturmodell einer daseinsanalytischen Literaturbetrachtung. In: Monatshefte LIII/1961, S. 301–302

DÖRING, MARIA: Humor und Pessimismus bei W. B. Diss. München 1948

DORNER, ALEXANDER: W. B., der Maler und Zeichner. Führer durch die Wilhelm-Busch-Jubiläumsausstellung im Provinzial-Museum Hannover, 1932 (Dritte Veröffentlichung der Wilhelm-Busch-Gesellschaft)

EHMCKE, FR. H.: W. B. als Buchkünstler. In: Zeitschrift für Bücherfreunde XXXVI/1952, 3. Folge I, S. 167

EHRLICH, JOSEPH: W. B. der Pessimist. Sein Verhältnis zu Arthur Schopenhauer. Bern–München 1962

ENDERS, RUDHARD: W. B., Mensch und Werk. In: Ganzheitliche Bildung IX/1958, S. 33–39

FECHTER, PAUL: Anmerkungen zum Schmetterling. In: JWB XXVII/XXVIII, S. 7–17

GLOCKNER, HERMANN: W. B., der Mensch, der Zeichner, der Humorist. Tübingen 1932

GOTTSCHALK, R.: Buschiaden über Erziehung und Erzieher. In: Berliner Lehrerzeitung XIII, Beilage, S. 227

GRAND-CARTERET, J.: Les mouers et la caricature en Allemagne, en Autriche, en Suisse. Paris 1885

GROSSIMLINGHAUS, A.: W. B. In: Oberdeutsche Zeitschrift für Volkskunde XVI, S. 105–114

HENSELEIT, FELIX: W. B. – wie ihn wenige kennen. In: Roland von Berlin 6 (1949), S. 14

HENZE, ANTON: Von Busch bis Klee. In: Das Kunstwerk VII, Heft 5, S. 5–18

HERR, ALFRED: Vor 50 Jahren starb W. B. In: Allgemeine deutsche Lehrerzeitung X, Beilage Jugendschriften-Warte, S. 5–6

HEUSS, THEODOR: W. B. In: Die Großen Deutschen. Deutsche Biographie. Hg. von HERMANN HEIMPEL, THEODOR HEUSS, BENNO REIFENBERG. Berlin 1957. Bd. V, S. 361–367

Illustrator der Erbsünde. In: Die Zeit XIII/1958, 2, S. 8

HOFMILLER, JOSEF: W. B. In: Zeitgenossen. 1910. S. 136–181

HOUBEN, H. H.: Buschs Heiliger Antonius von Padua. In: Das Antiquariat VI, S. 228

HUDER, WALTER: Max und Moritz oder die boshafte Heiterkeit. In: JWBG XXXI, S. 32–38

ISCHEBECK, R.: W. B., gestorben am 9. I. 1908. In: Evangelischer Digest IIJ, Nr. 2, S. 21–23

ITALIAANDER, R.: Mit einem nassen und einem heiteren Auge. W. B. als Lebenskünstler und Philosoph. In: Welt und Haus XXXV, Nr. 9

JAHN, HEINRICH: W. B., zum 50. Todestag des Dichters und Zeichners am 9. Januar 1958. In: Kulturwarte III, Nr. 10, S. 249–251

JAHN, MORITZ: Ein Nachwort zum Faksimiledruck des Heiligen Antonius von Padua. In: JWBG XIX/XX, S. 121–133

KAHN, LUDWIG W.: W. B. und das Problem des 19. Jahrhunderts. In: Die Sammlung VI, S. 721–725

KARSTENS, H.: W. B. als Volkskundler. In: Mitteilungen aus dem Quickborn XXXI, S. 42–45

KAYSER, WOLFGANG: W. B.s grotesker Humor. In: Vortragsreihe der niedersächsischen Landesregierung zur Förderung der wissenschaftlichen Forschung in Niedersachsen. Hg. im Auftrag des niedersächsischen Ministerpräsidenten. Heft 4

KLAMP, GERHARD: Ein Buschzitat als moralische Faustregel. In: Die Pforte, Bd. 6–11, II, S. 48–56

KLEIN, JOHANNES: Der humoristische Realismus: W. B. In: JWBG XXIII/XXIV, S. 13–30

KRAMER, WOLFGANG: Das graphische Werk von W. B. Diss. Frankfurt a. M. 1933

KRAUS, JOSEPH: Ausdrucksmittel der Satire bei W. B. Diss. Los Angeles 1968

KROLLMANN, CHRISTIAN: W. B. und seine Ahnen. In: Euphorion XXXI

KURZ, EDMUND P.: W. B. and the problem of pedagogy. In: Revues des Langues Vivantes XXXI, S. 55–61

KUSCHE, KURT: Humor als Selbstbehauptung. In: JWBG XXX, S. 5–19

KUTSCHER, ARTUR: W. B. als Realist. In: JWBG, S. 1–8

LAMPE, WALTHER: W. B. und das Recht. In: JWBG XXII, S. 45–59
W. B. und der Tod. In: JWBG, S. 50–56

LANGEWEYDE, WOLF SLUYTERMAN V.: W. B. als Sprachmeister. In: JWBG XXXII, S. 7–22

LINDAU, PAUL: W. B. In: JWBG XXIX, S. 11–25

LUMPE, CHRISTEL: Das Groteske im Werk W. B.s. Diss. Göttingen 1953

MARXER, PETER: W. B. als Dichter. Zürich 1967

MÜLLER, TEUTOBOD: Die sprach- und formkünstlerische Leistung W. B.s und ihr dichtungsgeschichtlicher Zusammenhang. Diss. Marburg 1959

MÜLLER-SUUR, H.: Max und Moritz unmoralisch. Der Humor W. B.s und die kindliche Psyche. In: Göttinger Universitätszeitung III, Nr. 10, S. 8–9

NÖLDEKE, HERMANN, ADOLF und OTTO: W. B. München 1909

NÖLDEKE, OTTO: W. B. – Ernstes und Heiteres. Berlin 1938

NOVOTNY, FRITZ: Holzschnitt und Strichätzung im Werk W. B.s. In: Imprimatur XI, S. 87–95

PETZET, W.: W. B. In: Kunstwart XLV, S. 471–475

RAMSEGER, GEORG: Was uns ein bitterer Mann hinterließ. In: Die Welt (Hamburg) 25. November 1961 (Auszug im JWBG XXVII/XXVIII, S. 96.)

REINKE, CHARLOTTE: Die Erlebnisse eines denkenden Punktes. Der andere W. B. In: Welt-Stimmen XXVI, S. 528–531

RIVES, ELISABETH: La comedie humaine de W. B. Diss. Paris 1963

SANDBERG, HERBERT: Größe und Grenze W. B.s. In: Urania XXII, S. 247–253

SCHER, PETER: W. B. In: Die Dichter der Deutschen. Stuttgart 1938

SCHMIDT, KURT: Reste altniederdeutschen Feuerspuk- und Totenglaubens bei W. B. In: Zeitschrift für Volkskunde XLV, Neue Folge VII, S. 119–133
W. B. und die deutsche Volkskunde. In: Zeitschrift für Volkskunde XLIX, S. 556–560

SCHULZE VELLINGHAUSEN, A.: W. B., Mitläufer oder Hauptschuldiger. In: Prisma I, Heft 11, S. 8–9

SHOEMAKER, TED: Max and Moritz by W. B. In: American German Review XXXII, 2, S. 36–37

SOMMER, K.: Erinnerungen an W. B. In: Kunst und Jugend XII

STEPHENOWITZ, T.: Größe und Grenzen W. B.s. In: Bildende Kunst VIII, S. 838–841

STOLZ, HEINZ: Raabe und Busch. In: Das literarische Echo XXI, S. 332
  W. B. In: Die Stillen im Lande L, S. 445–458
  Wilhelm Raabe und W. B. In: Mitteilungen für die Gesellschaft der Freunde Wilhelm Raabes XXII, S. 54–58

TEICHMANN, WOLFGANG: W. B. heute. Zu seinem 50. Todestag am 9. Januar. In: Neue deutsche Literatur VI, Nr. 1, S. 88–102

TÉLISSON, GÉRARD: L'humour de W. B. Diss. Lyon 1967

TSCHAIKA, E.: W. B. – auch in der Sowjetunion sehr beliebt. In: Die Sowjetunion heute III, Heft 6, S. 23

UHLE, ALPHONS THEOPHIL: W. B. in neuer Beleuchtung. Diss. University of Minnesota 1951

VEIL, A.: W. B., Meister des Humors. In: Das junge Wort II, Nr. 6/7

VESELÝ, JIŘÍ: Hundert Jahre eines Kinderbuches für Erwachsene: Max und Moritz. In: Philologica Pragensia. Academia Scientiarum Bohemoslovenica. Hg. von Buhomie Truka

VETTER, AUGUST: Das Satyrspiel des Musikdramas. Zur Bilderepik W. B.s. In: Neue deutsche Hefte LIV, Heft 2, S. 101–109

VOLKMANN, OTTO FELIX: W. B. der Poet. Seine Motive und seine Quellen. Leipzig 1910

WEISE, G.: Der Wettlauf der Verlage. W. B. schlug alle. In acht Wochen die Millionengrenze überschritten. In: Christ und Welt XIII, Nr. 48, S. 2

WENIGER, K. M.: Die Erstdrucke von W. B. In: Börsenblatt für den deutschen Buchhandel, 6. Januar 1938

WENGER, PAUL W.: Busch und die Juden. In: Rheinischer Merkur XV/1960, 6, S. 3

WIECHERT, KARL: Es ist auch allerlei Politisches drin. W. B. einmal so betrachtet. In: JWBG XXXI, S. 7–31

WIESZNER, GEORG G.: Auf dem Wege zur neuen Kunst. W. B. als Vorläufer. In: JWBG XXX, S. 20–31

WINTHER, FRITZ: W. B. als Dichter, Künstler, Psychologe und Philosoph. In: University of California Publications in Modern Philology, II. Serie, Nr. 1, S. 1–79

5. Schallplatten

Gedichte aus Zu guter Letzt und Kritik des Herzens. Sprecher: ERICH PONTO. (DG lit 34 003)

Gedichte. Sprecher: GÜNTHER LÜDERS. (DG lit 34 048)

Streiche aus Max und Moritz. (DG 20 422 EPH)

Balduin Bählamm, der verhinderte Dichter. Gelesen von ERICH PONTO. (EL. E 60 011)

Ausschnitte aus Kritik des Herzens. Gelesen von ERICH PONTO. (EL. E 40 039) und (EL. 60 011)

Heiter und besinnlich. Ist mir mein Leben geträumt. Gesprochen von VICTOR DE KOWA (EL. E 60 606)

Heiter und besinnlich. (Folge 12). Mit ERICH PONTO. (EL. E 40 039)

Kleine Kostbarkeiten. (17 cm). Gesprochen von PAUL HENCKELS. (AR 56 017 b)

Sozusagen herzerquicklich. (25 cm). Gesprochen von PAUL HENCKELS und THEA GRODTCZINSKY. (AR 53 108 G) und (+60 224 GW Ath.)

Max und Moritz. Mit HANS PAETSCH und einem Kinderchor. (TEL. U 55 098 M)

Sag Atome, sage Stäubchen. Heitere und besinnliche Gedichte. Vorgetragen von EDUARD MARKS. (TEL. TSF 13 002)

Eduards Traum. Eine gekürzte Fassung mit VICTOR DE KOWA. (25 cm). (AM. AVRS 2046)

Max und Moritz züritüütsch. Übertragen von FREDY LIEBHARD. (Grammoclub Ex Libris, 1966)

Max und Moritz. In der Serie: Für die Jugend. Gesprochen von HEINZ REINCKE. (POL 20 422 EPH)

Zum 100. Geburtstag Wilhelm Buschs. Biographie des großen Humoristen und Querschnitt durch seine Werke in einer Zusammenstellung von KONRAD THOMS. Musikalischer Teil geführt von Puggi Muck mit Orchester. (Gloria GO 10 262)

6. Filme

Die Fromme Helene. Ein Farbfilm frei nach Wilhelm Busch. Regie: AXEL VON AMBESSER. Franz Seitz Film Produktion, 1965

Besuch bei Busch (Dokumentarfilm). Deutsche Condor Produktion, 1963

Max und Moritz. Regie und Musik: NORBERT SCHULTZE. Mitarbeit: Alfred Förster. Inszenierung: Francesco Stefani. Förster Film-Produktion, 1956

Abenteuer eines Junggesellen. Zeichentrickfilm. Zeichenregie: GERHARD FIEBER. Wortregie: WOLFGANG LIEBENEINER. Musik: Hans-Martin Majewski. Liedertext: Kurt Schwabach. Alfa-Film-Produktion und EOS-Filmgesellschaft, 1949

Herr und Frau Knopp + Julchen. Zeichentrickfilm. Zeichenregie: GERHARD FIEBER. Wortregie: WOLFGANG LIEBENEINER. Musik: Hans-Martin Majewski. Liedertext: Kurt Schwabach. Alfa-Film-Produktion und EOS-Filmgesellschaft, 1950

Max und Moritz. Nestor Film Gesellschaft. Wien, 1947

Max und Moritz. Roland Film. 1938

Max und Moritz. Felix Mendelsohn. 1932

7. Fernsehen

Max und Moritz. Zeichentrickfilm. Kratz-Film, New York

Der Vetter auf Besuch. Operette. Musik: KREMPLSETZER. Text: Busch. Einführung: Ludwig Kusche. Regie: KARLHEINZ HUNDORF. Im Münchener Fernsehen im November 1961

Max und Moritz. Produktion Fritz Genschow. NWRV-Köln, 1961

Max und Moritz. Fernsehfilm vom Südfunk. Regie: THEO MEZGER. Weihnachten 1959

Schnacken und Schnurren – Ein Spaziergang mit Wilhelm Busch. Regie: ARMIN HEGGE. Fernsehstudio Hamburg 1959 und 1961

Max und Moritz. Musical. Regie: VACLAV HUDECEK. Wiener Neue Thalia Film (Fernsehfilme), 1968

NAMENREGISTER

Die kursiv gesetzten Zahlen bezeichnen die Abbildungen

QUELLENNACHWEIS DER ABBILDUNGEN

Sämtliche Bild-Dokumente dieses Bandes stellte uns die Wilhelm-Busch-Gesellschaft in Hannover zur Verfügung. Dem Leiter dieser Sammlung, Dr. Friedrich Bohne, sei hier gedankt.

Wilhelm Busch

Gedichte

*

Kritik des Herzens
Zu guter Letzt

*

Mit einem Nachwort von Dr. Friedrich Bohne

*

140. Tausend. rororo Taschenbuch 257

*

Zu beziehen nur durch Ihre Buchhandlung
Ausführliche Prospekte erhalten Sie direkt vom

Rowohlt Taschenbuch Verlag

rowohlts monographien

GROSSE PERSÖNLICHKEITEN
DARGESTELLT IN SELBSTZEUGNISSEN UND 70 BILDDOKUMENTEN
HERAUSGEGEBEN VON KURT KUSENBERG

Zu beziehen durch Ihre Buchhandlung.
Ein ausführliches Verzeichnis aller lieferbaren Taschenbücher fordern Sie bitte vom Rowohlt Taschenbuch Verlag, 2057 Reinbek bei Hamburg.

ALEXANDER WOLF

Zur Hölle mit den Paukern

Mit 54 Illustrationen von Kurt Halbritter

Hinter der verkritzelten Schulbank verschanzt, beobachtet der
Schüler Nietnagel seine Lehrer. Sein Fazit ist ganz dazu angetan, manchen Pauker das Fürchten zu lehren. Diese pfiffi-
gen Pennälerstreiche summieren sich zur handfesten Satire
auf unser Schulsystem.

205. Tausend · rororo Band 874

FRANCES GRAY-PATTON

Guten Morgen, Miss Fink

Miss Fink, die mit ihrem unbeugsamen Sinn für Ordnung und
Disziplin Generationen von Schülern zittern ließ, wird plötzlich krank, und für die Bürger von Liberty Hill geht die Welt
aus den Fugen. Alle ehemaligen und derzeitigen Schüler at-
men auf, als das in ihr verkörperte Gewissen des Städtchens
wieder nach alter Weise funktioniert.

50. Tausend · rororo Band 1064

LEO SLEZAK

Meine sämtlichen Werke
138. Tausend, rororo Band 329

Der Wortbruch
115. Tausend, rororo Band 330

Rückfall
75. Tausend, rororo Band 501

ROWOHLT TASCHENBUCH VERLAG

Gerald Durrell

Eine Verwandte namens Rosy

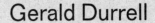

Wer gern lacht, wer Spaß an skurrilen Gestalten und komischen Situationen hat, wer besten englischen
Humor schätzt und sich von einem
Buch gern gefangennehmen und immer wieder überraschen läßt, der
kommt hier voll auf seine Kosten.
‹stern›, Hamburg: «Es geht lustig und
turbulent zu – nicht nur fürs Zwerch-
fell, sondern auch fürs Gemüt.»

35. Tausend · 240 Seiten · Leinen

Rowohlt

Lyrik

VICENTE ALEIXANDRE · Nackt wie der glühende Stein
Ausgewählte Gedichte / Spanisch und Deutsch. Herausgegeben, übersetzt und Nachwort von Erich Arendt. Rowohlt Paperback Band 28. 256 Seiten

ERICH ARENDT · Unter den Hufen des Winds
Ausgewählte Gedichte 1926–1965.
Vorwort: Volker Klotz. Rowohlt Paperback Band 51. 228 Seiten

ULRICH BECHER · Brasilianischer Romanzero
Balladen. 124 Seiten. Pappband

REINER KUNZE · Sensible Wege
Achtundvierzig Gedichte und ein Zyklus. 96 Seiten. Pappband

FRIEDERIKE MAYRÖCKER · Tod durch Musen
Poetische Texte. Nachwort: Eugen Gomringer. 800 numerierte und von der Autorin signierte Exemplare. 200 Seiten. Pappband

KARL MICKEL · Vita nova mea
Gedichte. 92 Seiten. Pappband

OGDEN NASH · I'm a Stranger Here Myself / Ich bin leider hier auch fremd
Selected Poems / Ausgewählte Gedichte. Zweisprachige Ausgabe. Nach dem Amerikanischen von Christian Enzensberger, Walter Mehring und Ulrich Sonnemann. 160 Seiten. Kartoniert

JACQUES PRÉVERT · Gedichte und Chansons
Französisch und Deutsch. Deutsche Nachdichtung mit einem Vorwort in der Manier Jacques Préverts von Kurt Kusenberg
Rowohlt Paperback Band 7. 3. Auflage: 15. Tausend. 280 Seiten

PETER RÜHMKORF · Kunststücke
50 Gedichte nebst einer Anleitung zum Widerspruch
Rowohlt Paperback Band 15. 4. Auflage: 10. Tausend. 140 Seiten

Irdisches Vergnügen in g
Fünfzig Gedichte. 2. Auflage: 3. Tausend. 68 Seiten. Kartoniert

RINO SANDERS · Kardiogramme
Gedichte. 104 Seiten. Pappband

Rowohlt

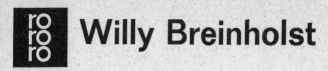

Willy Breinholst

Küsse deine Frau

Ein Hobbybuch für Ehemänner
Mit 32 Zeichnungen von Léon van Roy
35. Tausend · rororo Taschenbuch Band 853

Wie man am wirksamsten seine Frau ärgert und sie durch Küsse wieder versöhnt; von gemeinsamen Sonntagsausflügen und gestörtem Morgenschlaf: ein ebenso amüsantes wie listiges Schmunzelbuch für geplagte Eheleute aus der Feder des meistgelesenen dänischen Humoristen.

Der Mann meiner Frau

Heitere Ehegeschichten
30. Tausend · rororo Taschenbuch Band 1051

Der populäre skandinavische Humorist und listenreiche Kenner aller Schliche geplagter Ehemänner gibt hier in dreißig «Beispielen» Auskunft auf die Frage: Wie kann der vom Pantoffel Bedrohte im richtigen Augenblick das völlig Unerwartete tun? Als ein braver Schwejk des ehelichen Alltags, der stets den kürzeren zu ziehen scheint und sich eben dadurch – treuherzig augenzwinkernd – gegen seine Frau behauptet, gibt der Klügere nach – und siegt!

Die Liebe ist das A und O

Ein heiterer Roman
30. Tausend · rororo Taschenbuch Band 1167

Die Einwohner von Marböösen fürchten für Sitte und Anstand, als ein berühmter Sex-Schriftsteller in ihr Dorf kommt. Aber der Touristenstrom, den er nach sich zieht, läßt sie alle moralischen Skrupel rasch vergessen. Sie helfen der Konjunktur sogar durch die Veranstaltung einer Sex-Orgie nach – einer ehrbaren, versteht sich, in deren Verlauf nur eine einzige Frau einen Seitensprung wagt, und zwar die des Sex-Experten, der vor lauter Theorie die Praxis vernachlässigt hat.

Das süße Leben des Ehemannes

in Theorie und Praxis
Mit 30 Zeichnungen von Léon van Roy
20. Tausend · rororo Taschenbuch Band 1249

Der humorvolle Autor zeigt hier, daß die Institution der Ehe weitaus lustiger ist, als die meisten Ehepaare bisher geglaubt haben. Ein heiteres Ehebrevier für alle, die in Freud und Leid vereint sind.

410/3